ゼロから始める

書き込み式

CD付

スペイン語 BOOK

平井孝史 著

成美堂出版

目 次

Parte ① スペイン語の基本

基本ルール	1	アルファベット CD②〜③	6
	2	つづり字記号 CD④	7
	3	読まない文字 CD⑤	7
	4	アクセント CD⑥	8
	5	単語には性（男性形・女性形）がある CD⑦	9
	6	主語に応じて変化する動詞 CD⑧〜⑩	10
	7	単数と複数 CD⑪	12
母音の発音	1	強母音と弱母音 CD⑫	13
	2	二重母音・三重母音 OD⑬〜⑭	14
子音の発音	1	b, v, c, s, ch CD⑮〜⑯	16
	2	d, f, g, h, j CD⑰〜⑱	18
	3	k, l, ll, m CD⑲〜⑳	20
	4	n, ñ, p, q, r, rr CD㉑〜㉒	22
	5	t, w, x, y, z CD㉓〜㉔	24
基本表現	簡単フレーズ	1日のあいさつ CD㉕	26
		初対面のあいさつ CD㉖	27
		別れのあいさつ CD㉗	28
		お礼・謝罪 CD㉘	29
		ご機嫌うかがい CD㉙	30
		受け答え CD㉚	31
Ejercicio	おさらい練習		32

Parte ② 書いて覚える日常表現

Lección	1	〜をお願いします CD㉛	34
	2	〜です CD㉜	36
	3	〜にいます／あります CD㉝	38
	4	〜（を持って）います CD㉞	40
	5	〜を食べます CD㉟	42
	6	〜ではありません CD㊱	44
	7	〜はどこですか？ CD㊲	46

単語をまとめて覚えよう	住居／公共施設 CD㊳〜㊶	48
8	何／誰／どちら／いくら／どのように CD㊷	50
9	〜できます CD㊸	52
10	〜したいです／ください CD㊹	54
11	〜しなければなりません CD㊺	56
12	〜時です CD㊻	58
単語をまとめて覚えよう	数 CD㊼〜㊾	60
	序数／小数と分数／単位 CD㊿〜52	62
13	いい天気です CD53	64
Ejercicio	おさらい練習	66

Parte 3 書いて覚えるステップアップ表現

Lección 1	この／その／あの CD54	68
2	私のスーツケース CD55	70
3	黄色いTシャツ CD56	72
4	いすの上に CD57	74
5	マリアと一緒に CD58	76
6	彼に渡します CD59	78
7	〜が好きです CD60	80
8	〜という名前です CD61	82
9	〜が痛いです CD62	84
単語をまとめて覚えよう	交通／国名／身体の部位 CD63〜65	86
10	〜しました CD66	88
11	〜しました／したことがあります CD67	90
12	〜しています CD68	92
13	〜するでしょう CD69	94
14	いつ〜しますか？ CD70	96
単語をまとめて覚えよう	時を表す CD71〜74	98
15	〜しなさい CD75	100
16	…に〜されました CD76	102
Ejercicio	おさらい練習（Parte 1〜3）	104
付録①	これだけは覚えたい 不規則活用動詞（現在形）CD77	108
付録②	動詞と前置詞の組み合わせ CD78	110
	おさらい練習の解答	111

本書の使い方

本書は3つのパート（Parte）で構成されており、随所に書き込み欄を設けています。付属のCDでスペイン語の音声を聴き、声に出して読みながら、くり返し書くことで、発音と文法を一緒に身につけましょう。

Parte 1 スペイン語の文字や単語の基本ルールと発音を学びます。あいさつやお礼・謝罪などに使える簡単なフレーズもまとめてあるので、そのまま覚えてしまいましょう。

Parte 2 レッスン（Lección）ごとに基本となる型をとりあげています。日常会話のための基本的な表現をひとつひとつ学んでいきましょう。Parte 3では少しステップアップした表現になります。

Parte 3

● **CDトラックナンバー**

●**聴いて書いてみよう**
基本型のバリエーション。CDを聴き、発音しながら書いて覚えましょう。

●**基本フレーズ**
このLecciónで学ぶ基本型を使ったフレーズ。構成要素で区切り、対応する日本語とスペイン語を線でつないでいます。

●**学習のポイント**
文法などに関する解説です。

●**ココに注意！**
特に気をつけるべきことを説明しています。

理解を助けるための補足説明です。

●**関連単語CHECK!**
このLecciónで新たに登場した主な単語と、関連単語（＝グレー部分）をまとめています。

● 各Parteの最後には「おさらい練習」があります。学んだ内容を復習してください。
● Parte 2～3のLección間にある「単語をまとめて覚えよう」では、単語をカテゴリーごとにまとめて覚えられます。
● 巻末には、よく使われる不規則活用動詞と、動詞と前置詞の組み合わせを掲載しています。

CDについて 付属のCDには、CDトラックマークがついている箇所の音声が収録されています（Parte1はスペイン語部分、Parte 2～3の「基本フレーズ」は日本語→スペイン語の順、「聴いて書いてみよう」はスペイン語部分、「関連単語CHECK!」はスペイン語→日本語の順です）。

ストリーミング再生のご案内
本書付属CDの音声を、ストリーミング再生で聴くことができます。パソコンやスマートフォンなどから、下記URL、またはQRコードにアクセスしてください。

https://www.seibidoshuppan.co.jp/audio/9784415333588

※音声をお聴きになる際の通信費はお客様のご負担となります。
※本サービスは予告なく終了することがありますので、ご了承ください。

発音のカタカナ表記
本書では、スペイン語の発音をカタカナで表記しており、強く発音する部分は太字にしています。
※スペイン語の発音はカタカナで忠実に表記できません。発音表記は参考にとどめ、CDとあわせて練習してください。

品詞表記
単語には品詞を表す以下のようなマークをつけています。
男 男性名詞　**女** 女性名詞　**中** 中性名詞　**固** 固有名詞
代 代名詞　**動** 動詞　**助動** 助動詞　**形** 形容詞　**副** 副詞
疑 疑問詞

男性形／女性形
男性形と女性形がある名詞は、男性形→女性形の順に掲載しています。また、男性形と女性形で語尾が変わる形容詞には、単語の後ろにかっこ書きで女性形の語尾を表記しています。
※CDの音声も掲載順（男性形→女性形）に収録されています。
※形容詞の男性形／女性形で変わる語尾部分は色分けしています。

Parte **1** スペイン語の基本

基本ルール	1	アルファベト	6
	2	つづり字記号	7
	3	読まない文字	7
	4	アクセント	8
	5	単語には性（男性形・女性形）がある	9
	6	主語に応じて変化する動詞	10
	7	単数と複数	12
母音の発音	1	強母音と弱母音	13
	2	二重母音・三重母音	14
子音の発音	1	b, v, c, s, ch	16
	2	d, f, g, h, j	18
	3	k, l, ll, m	20
	4	n, ñ, p, q, r, rr	22
	5	t, w, x, y, z	24
基本表現		簡単フレーズ 1日のあいさつ	26
		初対面のあいさつ	27
		別れのあいさつ	28
		お礼・謝罪	29
		ご機嫌うかがい	30
		受け答え	31
Ejercicio		おさらい練習	32

アルファベットのことをスペイン語でアルファベト（またはアベセダリオ）と呼びます。基本的には英語と同じですが、ch、ll、ñ、rr の4つが加わります。

CD 2 カタカナの発音表記にとらわれず、CDの音をまねて繰り返してみましょう。

A a [アー]	**H h** [アチェ]	**Ñ ñ** [エネェ]	**S s** [エセ]
B b [ベー]	**I i** [イー]	**O o** [オー]	**T t** [テー]
C c [セー]	**J j** [ホタ]	**P p** [ペー]	**U u** [ウー]
Ch ch [チェー]	**K k** [カー]	**Q q** [クー]	**V v** [ウベ]
D d [デー]	**L l** [エレ]	**R r** [エレ]	**W w** [ウベドブレ]
E e [エー]	**Ll ll** [エジェ]	**— rr** [エレドブレ]	**X x** [エキス]
F f [エフェ]	**M m** [エメ]	※rrは語中でのみ用いますので、Rrという表記は存在しません。	**Y y** [イグリェガ]
G g [ヘー]	**N n** [エネ]		**Z z** [セタ]

CD 3 CDのあとについて、次の略語を読んでみましょう。

T V E スペイン国営テレビ
テー ウベ エー
(Televisión Española)

S. A. 株式会社
エセ アー
(Sociedad Anónima)

D N I 身分証明書
デー エネ イー
(Documento Nacional de Identidad)

C D CD（コンパクトディスク）
セー デー
(Disco Compacto)

※CDのCに当たるcompacto（密集した）は形容詞で、スペイン語では名詞の後ろにつきますが、略語はDCではなくCDとなります。

基本ルール **2** つづり字記号

スペイン語には、次のようなつづり字記号があります。

CD 4 CDのあとについて発音してみましょう。　※スペイン語の名詞には男性形と女性形があります（p.9参照）。

， アセント **á é í ó ú**	アクセント（p.8参照）を表す記号です。 **例** **estación** 女 駅 エスタシ**オ**ン
¨ クレマ **ü**	gとe、もしくはgとiの間にくるuにつける記号です。 **例** **vergüenza** 女 恥 ベルグ**エ**ンサ　　　　　　　　　　※発音はp.18を参照。
— ギオン	音節の区切りや、行替えのときに使います。 **例** **pronunciación** 女 発音 プロヌンシアシ**オ**ン → **pro-nun-cia-ción**

英語では文末のみにつける疑問符／感嘆符ですが、スペイン語では文末の疑問符／感嘆符の上下を逆にして、文頭にもつけるという特徴があります。

疑問詞　　　感嘆詞
¿·····?　**¡·····!**

基本ルール **3** 読まない文字

スペイン語では子音のhは発音しません。日本語の「ハ」行の音ではなく、hのあとにつく母音だけを発音します（p.18参照）。

CD 5 CDのあとについて発音してみましょう。

habitación 女 部屋
アビタシ**オ**ン

hotel 男 ホテル
オ**テ**ル

参考 hの代わりにjと母音を組み合わせると、日本語の「ハ」行に近い音になります。

ja **je** **jo** **ji** **ju**
ハ　　ヘ　　ホ　　ヒ　　フ

基本ルール **4** アクセント (acento [アセント])

スペイン語を話す魅力のひとつに、小気味よい発音の強弱があります。どの母音にアクセントをつけて発音するかは、原則として下記のような決まりがあります。

スペイン語独特のアクセントが身についたら、そのスペイン語はとても流暢に聞こえます。 ジェスチャーも交えながら話せば、より言葉が伝わりやすいでしょう。

CD 6 強調する母音の位置を確認しながら、CDのあとについて発音してみましょう。

● 母音または**n**、**s**で終わる単語は、後ろから2番目の母音を強く発音します。

例 **señorita** 女 お嬢さん　　**joven** 形 若い
　　セニョ**リ**ータ　　　　　　　　　**ホ**ベン

cansado 形 疲れた　　**crisis** 女 危機
カン**サ**ド　　　　　　　　　ク**リ**シス

● **n**と**s**以外の子音で終わる単語は、最後の母音を強く発音します。

例 **mujer** 女 女性　　　　　**papel** 男 紙
　　ム**ヘ**ール　　　　　　　　　　パ**ペ**ル

arroz 男 米　　　　　　　**cabaret** 男 キャバレー
ア**ロ**ス　　　　　　　　　　　カバ**レ**ット

● アクセント記号（´）のついた単語は、その箇所を強く発音します。

例 **papá** 男 パパ、お父さん　　**café** 男 コーヒー
　　パ**パ**　　　　　　　　　　　　　カ**フェ**

menú 男 メニュー　　　　　**japonés** 男 日本人、日本語
メ**ヌ**　　　　　　　　　　　　ハポ**ネ**ス

アクセント記号（´）は上記の発音の強弱の他に、同じ綴りでも別の意味を表す単語と区別する際にも使用します。

★後ろから2番目の母音を強く発音する「この」のestaは、eにアクセント記号がある「これ」のéstaと同じ発音になります。

アクセント記号なし		アクセント記号あり
si = もしも	→	**sí** = はい ◄
シー		シー
esta = この	→	**ésta** = これ
エスタ		**エ**スタ

★母音が1つしかない単語は、その母音を強く発音するので、iにアクセント記号がある「はい」のsíも、「もしも」のsiと同じ発音になります。

está = いる、ある
エス**タ**　　（動詞estarの変化形）

基本ルール **5** 単語には性 （男性形・女性形） **がある**

スペイン語の名詞は、男性形か女性形のいずれかに決まっています。また、形容詞や冠詞にも性があります。日本語にはないルールなので最初は面倒かもしれませんが、単語の意味と一緒に、性も覚えましょう。

CD 7 CDのあとについて発音してみましょう。

名詞 ● 原則として、**o** や **e** で終わる名詞は男性形、**a** や **d** や **ción** で終わる名詞は女性形です。

例 **abuelo** 男 おじいさん　　**esposo** 男 夫
　　アブ**エ**ロ　　　　　　　　　エスポッソ

　 abuela 女 おばあさん　　**esposa** 女 妻
　　アブ**エ**ラ　　　　　　　　　エスポッサ

冠詞 ● 冠詞は、あとにくる名詞の性に応じて性が決まります。※ p.34を参照。

　[定冠詞]　　　　　　　　　　[不定冠詞]

例 **el coche** 男 車　　　**un libro** 男 ある（1冊の）本
　　エル　**コ**チェ　　　　　　　ウン　　　**リ**ブロ

　 la lluvia 女 雨　　　　**una casa** 女 ある（1軒の）家
　　ラ　　ジュビア　　　　　　　ウナ　　　**カ**サ

形容詞 ● 形容詞も、形容される名詞の性に応じて性が決まります。　※ p.72を参照。

例 **hombre alto** 男 背の高い男
　　オンブレ　　　　　　**ア**ルト

　 mujer alta 女 背の高い女
　　ム**ヘ**ール　　　　　**ア**ルタ

pianista ［ピア**ニ**スタ］「ピアニスト」は **a** で終わる名詞ですが男女同形で、冠詞 **el** をつけると「男性ピアニスト」、冠詞 **la** をつけると「女性ピアニスト」になります。また、冠詞の性を使い分けると、1つの名詞が別の意味になる場合もあります。

el cometa 男 彗星（すい）　　**el radio** 男 半径
エル　コメタ　　　　　　　　　　エル　**ラ**ディオ

la cometa 女 凧　　　　　　**la radio** 女 ラジオ
ラ　コメタ　　　　　　　　　　　ラ　**ラ**ディオ

主語に応じて変化する動詞

スペイン語の動詞は、語尾の形から、**ar**動詞、**er**動詞、**ir**動詞の3グループに分けられ、人称や数などに応じて活用します。その活用は、グループごとに規則性がありますが、不規則に変化するものもあります。

規則活用する動詞は、その語尾**ar**、**er**、**ir**が以下のように規則的に変化します。

★過去形や未来形などでは、現在形と異なる活用をします。詳しくはParte 3で学習します。

	単数			複数		
	一人称	二人称	三人称	一人称	二人称	三人称
ar動詞	**-o**	**-as**	**-a**	**-amos**	**-áis**	**-an**
er動詞	**-o**	**-es**	**-e**	**-emos**	**-éis**	**-en**
ir動詞	**-o**	**-es**	**-e**	**-imos**	**-ís**	**-en**

基本となるのは、直接法現在形の**ar**動詞の規則活用です。上記の表を見比べてわかるとおり、動詞の語尾変化部分の「**a**」を「**e**」に置き換えれば、**er**動詞の活用になります。**er**動詞と**ir**動詞の違いは、一人称複数と二人称複数のみです。

CD 8 CDのあとについて、動詞の規則活用を発音してみましょう。

ar動詞

働く
trabajar
トラバハール

		一人称	二人称	三人称
単数		**trabajo** トラバホ	**trabajas** トラバハス	**trabaja** トラバハ
複数		**trabajamos** トラバハモス	**trabajáis** トラバハイス	**trabajan** トラバハン

呼ぶ
llamar
ジャマール

単数		**llamo** ジャモ	**llamas** ジャマス	**llama** ジャマ
複数		**llamamos** ジャマモス	**llamáis** ジャマイス	**llaman** ジャマン

CDのあとについて、動詞の規則活用を発音してみましょう。

er動詞

読む
leer
レエール

	一人称	二人称	三人称
単数	**leo** レオ	**lees** レエス	**lee** レエ
複数	**leemos** レエモス	**leéis** レエイス	**leen** レエン

〜しなければ
ならない
deber
デベール

	一人称	二人称	三人称
単数	**debo** デボ	**debes** デベス	**debe** デベ
複数	**debemos** デベモス	**debéis** デベイス	**deben** デベン

 CDのあとについて、動詞の規則活用を発音してみましょう。

ir動詞

住む
vivir
ビビール

	一人称	二人称	三人称
単数	**vivo** ビボ	**vives** ビベス	**vive** ビベ
複数	**vivimos** ビビモス	**vivís** ビビス	**viven** ビベン

許す、許可する
permitir
ペルミティール

	一人称	二人称	三人称
単数	**permito** ペルミト	**permites** ペルミテス	**permite** ペルミテ
複数	**permitimos** ペルミティモス	**permitís** ペルミティス	**permiten** ペルミテン

不規則活用動詞については、規則活用のパターンがあてはまりません。よく使われる不規則活用動詞はp.108 〜 109にまとめたので、そのまま活用を覚えてください。

★スペイン語の辞書では、その動詞が規則活用か不規則活用かがわかるようになっています。また、巻末にたいてい不規則活用のパターンが掲載されています（不規則活用動詞は、不規則な中にもそれぞれ活用パターンを持っています）。

基本ルール 7 単数と複数

スペイン語では、名詞をはじめ、冠詞、形容詞、動詞（活用などのとき）は単数か複数かでその形が変化します。詳しくは Parte 2 で学習しますが、ここでは、名詞の単数形・複数形の違いを見ておきましょう。

名詞の複数形は、原則として単数形の語尾に s か es をつけて作ります。s と es のどちらをつけるかについては、次のような決まりがあります。

CD のあとについて発音してみましょう。

---

s をつける ● アクセント記号のない母音、または é で終わる名詞

単数形	複数形
例 **mesa** 女 テーブル メサ	→ **mesas** メサス
gato 男 雄猫 ガト	→ **gatos** ガトス
café 男 コーヒー カフェ	→ **cafés** カフェス

不定冠詞と組み合わせた例を見てみましょう。

un chico 男 （1人の） ウン　チコ　　　　少年	→ **unos chicos** 男 （何人かの） ウノス　チコス　　　　少年
una chica 女 （1人の） ウナ　チカ　　　　少女	→ **unas chicas** 女 （何人かの） ウナス　チカス　　　　少女

es をつける ● アクセント記号のある母音（é を除く）、または子音で終わる名詞

単数形	複数形
例 **jabalí** 男 イノシシ ハバリ	→ **jabalíes** ハバリエス
color 男 色 コロール	→ **colores** コローレス

例外として、アクセント記号のある母音で終わっていても、s しかつかない単語があります。また、**superávit** [スペラビット]「黒字、余剰金」など、複数形でも語尾に s も es もつかず、形が変化しない単語もあります。

papá 男 パパ、お父さん → **papás**
パパ　　　　　　　　　　　　パパス

母音の発音 **1** # 強母音と弱母音

スペイン語の母音は、日本語と同じ**a** [ア]、**i** [イ]、**u** [ウ]、**e** [エ]、**o** [オ] の5音です。発音も日本語とほぼ同じなので、日本人には発音しやすいでしょう。口の開け方によって、強母音と弱母音に分けられます。

右の子音**d**との組み合わせ例でわかるように、**a**、**e**、**o**は口を大きく開けて強く発音することから強母音（または開母音）、**i**、**u**は口をあまり開かずに弱く発音することから弱母音（または閉母音）と呼ばれます。

子音 **d** +

強母音 ⌈ **a → da** [ダ]
　　　 e → de [デ]
　　　 o → do [ド]
弱母音 ⌈ **i → di** [ディ]
　　　 u → du [ドゥ]

CD 12 CDのあとについて、5つの母音を発音してみましょう。

強母音

a ア　例▶ **aula** 女 教室
　　　アウラ

　　　　　　avión 男 飛行機
　　　　　　アビ**オ**ン

e エ　例▶ **época** 女 時代
　　　エポカ

　　　　　　excelente 形 すばらしい
　　　　　　エクセ**レ**ンテ

o オ　例▶ **ojo** 男 目
　　　オホ

　　　　　　oriente 男 東
　　　　　　オリ**エ**ンテ

弱母音

i イ　例▶ **idea** 女 アイディア
　　　イデア

　　　　　　hijo 男 息子
　　　　　　イホ

u ウ　例▶ **euro** 男 ユーロ（通貨）
　　　エウロ

　　　　　　universidad 女 大学
　　　　　　ウニベルシ**ダ**

※スペイン語の母音は、音声学上はそれぞれの音に細かい規定がありますが、日本語の母音とほぼ同じ発音で大丈夫です。

スペイン語の母音は、単語の中で2つまたは3つ連続して使用されることがあります。2つの場合は二重母音、3つの場合は三重母音と呼び、次のような組み合わせがあります。

CD 13 CDのあとについて発音してみましょう。

二重母音

● **ai, ei, oi, au, eu, ou, ia, ie, io, ua, ue, uo, iu, ui**
アイ エイ オイ アウ エウ オウ イア イエ イオ ウア ウエ ウオ イウ ウイ

例

aire 男 空気
アイレ

cielo 男 空
シエロ

reina 女 女王
レイナ

ejercicio 男 運動、練習
エヘルシシオ

oído 男 聴覚、耳
オイド

agua 女 水
アグア

causa 女 原因
カウサ

cuento 男 物語
クエント

deuda 女 借金
デウダ

antiguo 形 古い
アンティグオ

bou 男 船引き網漁
ボウ

viuda 女 未亡人
ビウダ

piano 男 ピアノ
ピアノ

cuidado 男 注意
クイダド

> **発音のポイント**
> 二重／三重母音にアクセントがつくときは、原則として強母音（a、e、o）のほうを優先的に強く発音します。

三重母音

● **iai, iei, uai, uei**（主に動詞の活用語中で使われます）
イアイ イエイ ウアイ ウエイ

例 **estudiar** 動 勉強する → **estudiáis**（現在活用）
エストゥディアール　　　　　　　　エストゥディアイス

estudiéis（接続法活用）
エストゥディエイス

averiguar 動 調べる → **averiguáis**（現在活用）
アベリグアール　　　　　　　　　　アベリグアイス

averigüéis（接続法活用）
アベリグエイス

※不確実なことや願望を表す接続法は、本書ではとりあげていません。

 聴いて書いてみよう

 母音を意識して発音しながら、
単語を書きましょう。

 CD 14

1 **amigo** 男
アミーゴ
友達

amigo

2 **carta** 女
カルタ
手紙

carta

3 **espacio** 男
エスパシオ
宇宙、空間

espacio

4 **papel** 男
パペル
紙

papel

5 **obra** 女
オブラ
仕事、作品、工事

obra

6 **hoy** 副
オイ
今日

hoy

7 **música** 女
ムシカ
音楽

música

8 **escribir** 動
エスクリビール
書く

escribir

9 **mundo** 男
ムンド
世界

mundo

10 **alumno** 男
アルムノ
生徒

alumno

スペイン語の子音は25音あり、母音と組み合わせると、日本語の50音にとても近い音になります。

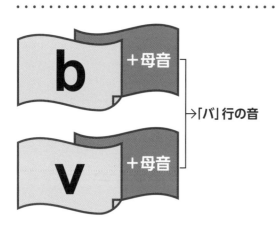

bは母音と組み合わせると「バ」行の音になります。vもbと同様に「バ」行の音になります。

例 **baile** 男 ダンス
バイレ

viaje 男 旅行
ビアヘ

> **発音のポイント** bとvはどちらも「バ」行で、その発音にはほとんど違いはありません。vは、英語の「ヴ」のように発音しないように注意してください。

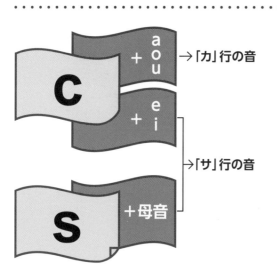

cは母音a、o、uと組み合わせると「カ」行の音に、母音e、iと組み合わせると「サ」行の音になります。sは母音と組み合わせると「サ」行の音になります。

例 **color** 男 色 **cena** 女 夕食
コロール セナ

salida 女 出口
サリダ

> **発音のポイント** cの「サ」行は、舌の先を歯で軽く挟む感じで発音しますが、sの「サ」行は、舌を口の奥に引いて発音し、「シャ、シェ、ショ、シ、シュ」に近い音になります。

chは母音と組み合わせると「チャ、チェ、チョ、チ、チュ」の音になります。

例 **chaqueta** 女 ジャケット
チャケタ

聴いて書いてみよう

子音を意識して発音しながら、単語を書きましょう。

1 barco 男
バルコ
船

barco

2 banco 男
バンコ
銀行

banco

3 Valencia 固
バレンシア
バレンシア（都市名）

Valencia

4 centro 男
セントロ
中心

centro

5 cura 男
クラ
神父

cura

6 cocina 女
コシナ
台所、料理

cocina

7 coche 男
コチェ
車

coche

8 Sevilla 固
セビージャ
セビリア（都市名）

Sevilla

9 chica 女
チカ
少女

chica

10 muchacho 男
ムチャチョ
男の子

muchacho

子音の発音 ② d, f, g, h, j

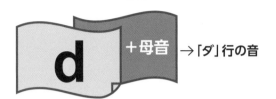

d は母音 **a**、**e**、**o** と組み合わせると「ダ」行の音に、母音 **i**、**u** と組み合わせると「ディ、ドゥ」の音になります。

例 **dentista** 男 女 歯科医
デン**ティ**スタ

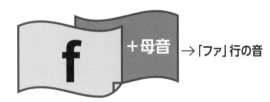

f は母音と組み合わせると「ファ、フェ、フォ、フィ、フ」の音になります。

例 **familia** 女 家族
ファ**ミ**リア

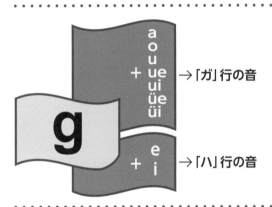

g は母音 **a**、**o**、**u**、**ue**、**ui**、**üe**、**üi** と組み合わせると「ガ」行の音に、母音 **e**、**i** と組み合わせると、「ヘ、ヒ」の音になります。

例 **gato** 男 雄猫   **gelatina** 女 ゼリー
ガト   ヘラ**ティ**ナ

発音のポイント
g に üe、üi を組み合わせた場合は「グエ、グイ」と発音します。また、e、i を組み合わせた「ハ」行の音は、喉の奥から吐き出すように発音します。

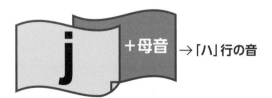

h は単語のどの位置にあっても発音しません。

例 **helado** 男 アイスクリーム
エ**ラ**ド

j は母音と組み合わせると「ハ」行に近い音になります。

例 **jardín** 男 庭園
ハル**ディ**ン

発音のポイント
j の「ハ」行の発音は、喉の奥を震わせるのがコツです。喉の奥から強く息を吐き出すようにして発音してみてください。

聴いて書いてみよう

✍ 子音を意識して発音しながら、単語を書きましょう。

CD 18

1 **día** 男
ディア
日（1日）

día

2 **falda** 女
ファルダ
スカート

falda

3 **fama** 女
ファマ
名声

fama

4 **fotografía** 女
フォトグラフィア
写真

fotografía

5 **vergüenza** 女
ベルグエンサ
恥、羞恥心

vergüenza

6 **hígado** 男
イガド
肝臓

hígado

7 **hija** 女
イハ
娘

hija

8 **alcohol** 男
アルコール
アルコール

alcohol

9 **caja** 女
カハ
箱

caja

10 **reloj** 男
レロッホ
時計

reloj

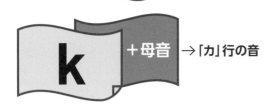

k は母音と組み合わせると「カ」行の音になります。この子音は、スペイン語から見た外来語にしか使われません。

例 **kilogramo** 男 kg（キログラム）
キログ**ラ**モ

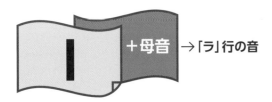

l は母音と組み合わせると「ラ」行の音になります。r の音も「ラ」行（p.22参照）ですが、発音は異なります。舌の先端を上あごの前歯の歯茎につけ、舌の左右両側と臼歯との隙間から息を送り出すようにして、なめらかに発音します。

例 **leche** 女 ミルク
レチェ

発音のポイント：スペインの子どもたちは、l の発音を次のように練習します。まず、女性の名前 Claudia［クラウディア］を calaudia［カラウディア］と発音します。そして、徐々に c と l の間の a を取り去って、詰めるように発音するのです。このときに出てくる la (claudia) の音が正しい l の音になります。

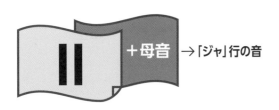

ll は母音と組み合わせると「ジャ、ジェ、ジョ、ジ、ジュ」の音になります。

例 **paella** 女 パエリア（スペイン風炊き込みご飯）
パ**エ**ジャ

発音のポイント：ll の発音は「リャ、リェ、リョ、リ、リュ」とも発音します。例えば paella は「パエリャ」でも問題ありません。本書では「ジャ」行で統一しています。

m は母音と組み合わせると「マ」行の音になります。

例 **madre** 女 母
マドレ

発音のポイント：m のあとに母音がこない場合は、「ン」に近い音になります。

聴いて書いてみよう

子音を意識して発音しながら、
単語を書きましょう。

CD
20

1	**Tokio** 固 トキオ 東京	Tokio	
2	**kilómetro** 男 キロメトロ km（キロメートル）	kilómetro	
3	**sol** 男 ソル 太陽	sol	
4	**blanco** 男 ブランコ 白色	blanco	
5	**libro** 男 リブロ 本	libro	
6	**llave** 女 ジャベ 鍵	llave	
7	**lluvia** 女 ジュビア 雨	lluvia	
8	**hombre** 男 オンブレ 男性	hombre	
9	**miembro** 男 ミエンブロ メンバー	miembro	
10	**mapa** 男 マパ 地図	mapa	

nは母音と組み合わせると「ナ」行の音になります。

例 **naranja** 女 オレンジ
ナランハ

ñは母音と組み合わせると「ニャ、ニェ、ニョ、ニィ、ニュ」の音になります。

例 **otoño** 男 秋
オトーニョ

pは母音と組み合わせると「パ」行の音になります。

例 **padre** 男 父
パドレ

q は母音と組み合わせると「カ」行の音になります。主に**ue**、**ui**と組み合わせた「ケ、キ」の音が使われます。

例 **queso** 男 チーズ **quién** 疑 誰
ケソ 　　　　　　　　キエン

r は母音と組み合わせると「ラ」行の音になりますが、l の音（p. 20参照）とも違います。上の歯茎に舌先を当て、その舌を離したときに出す感じの発音です。**rr** は舌を震わせながら「ラ」行を発音します。

例 **Perú** 固 ペルー (国名) **ruta** 女 ルート
ペルー 　　　　　　　　　　　　　ルタ

socorro 男 救助
ソコーロ

👆 発音の
ポイント

上の ruta のように r が語頭にある場合は、rr と同じ発音になります。このスペイン語特有の巻き舌による発音（連続破裂音）は、あせらず気長に練習してください。

 聴いて書いてみよう

 子音を意識して発音しながら、単語を書きましょう。

 CD 22

1 cine 男
シネ
映画、映画館

cine

2 tener 動
テネール
持つ

tener

3 niña 女
ニーニャ
女の子

niña

4 España 固
エスパーニャ
スペイン（国名）

España

5 pescado 男
ペスカド
魚（食材）

pescado

6 queja 女
ケハ
不満

queja

7 quiosco 男
キオスコ
売店、キオスク

quiosco

8 crema 女
クレマ
クリーム

crema

9 perro 男
ペロ
雄犬

perro

10 ferrocarril 男
フェロカリル
鉄道

ferrocarril

CD 23

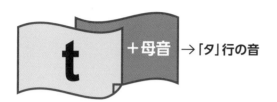

t は母音 **a**、**e**、**o** と組み合わせると「タ」行の音に、母音 **i**、**u** と組み合わせると「ティ、トゥ」の音になります。

例 **taberna** 女 居酒屋
タベルナ

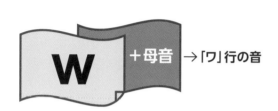

w は母音と組み合わせると「ワ」行の音になります。この子音は、スペイン語から見た外来語（地名、人名、物の名前など）に使われます。

例 **Washington** 固 ワシントン（都市名）
ワシントン

x は母音と組み合わせると「クサ、クセ、クソ、クシィ、クス」の音になります。

例 **examen** 男 試験
エクサメン

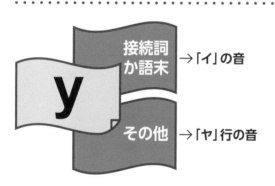

英語の **and** にあたる **y** として使われる場合と、語末にくる場合は「イ」と発音しますが、その他は主に「ヤ、イェ、ヨ、ユ」の音になります。

例 **hoy** 副 今日　　**yate** 男 ヨット
オイ　　　　　　　ヤテ

発音の
ポイント
接続詞か語末以外の y は「ジャ」行の音でも発音します。例えば yate は「ジャテ」でも問題ありません。

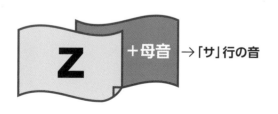

z は母音と組み合わせると「サ」行に近い音になります。

例 **zanahoria** 女 ニンジン
サナオリア

発音の
ポイント
z は英語のように「ザ」行で発音しないように注意しましょう。

 聴いて書いてみよう

 子音を意識して発音しながら、
単語を書きましょう。

 CD 24

1 **tabaco** 男
タバコ
たばこ

| tabaco | |

2 **título** 男
ティトゥロ
タイトル

| título | |

3 **whisky** 男
ウィスキ
ウィスキー

| whisky | |

4 **éxito** 男
エクシィト
成功

| éxito | |

5 **explicar** 動
エクスプリカール
説明する

| explicar | |

6 **ya** 副
ヤ
すでに

| ya | |

7 **ayer** 副
アイェール
昨日

| ayer | |

8 **zapato** 男
サパト
靴

| zapato | |

9 **zumo** 男
スモ
ジュース

| zumo | |

10 **juzgar** 動
フスガール
判断する

| juzgar | |

簡単フレーズ

あいさつ、お礼・謝罪、受け答えなどは、コミュニケーションのために必要な基本表現です。ここでとりあげるのは比較的短いフレーズばかりなので、文法は気にせず、そのまま覚えていきましょう。

スペイン語は リズミカルに！ p.8の「アクセント」で説明したとおり、スペイン語の単語には必ず強く発音する母音・音節が含まれています。「強弱をつけず平坦に発音する単語はない」と言っても過言ではありません。スペイン語らしい響きに近づくコツは、すべての音をしっかり発音し、アクセントのある母音を強く発音することです。

 CDでスペイン語のリズムを聴きとり、発音しながらフレーズを書いて、覚えましょう。 **CD 25**

1日の あいさつ

おはよう(ございます)／こんにちは！

¡Buenos días!
ブエノス　　　　ディアス

¡Buenos días!

★「良い日」という意味の、その日初めて会ったときにするあいさつです。昼食まではいつでもこの表現が使えます。

こんにちは！

¡Buenas tardes!
ブエナス　　　　タルデス

¡Buenas tardes!

★「良い午後」という意味のあいさつ。昼食後（＝14時〜15時頃）から日暮れ頃までは、この表現を使います。

こんばんは！

¡Buenas noches!
ブエナス　　　　ノーチェス

¡Buenas noches!

★日が落ちて薄暗くなってからのあいさつ。夜、別れる際に使うと「おやすみなさい」という意味になります。

※「おはよう」のBuenosと、「こんにちは」「こんばんは」のBuenasが違うのは、あとにくる名詞の数と性に形容詞が一致しているからです。つまり、「おはよう」のdías はdía（日）の複数形・男性名詞なので、形容詞bueno（良い）の複数形buenosになり、tardes（午後）とnoches（夜）は複数形・女性名詞なので、形容詞buenaの複数形buenasになります。

初対面の
あいさつ

 発音しながらフレーズを書いて、覚えましょう。

はじめまして！

¡Mucho gusto!
ムチョ　　　　　グスト

¡Mucho gusto!

★初対面の人に使う定型表現。話し手の性別にかかわらず使えます。

はじめまして！

¡Encantado! (男性が言う場合)
エンカン**タ**ド

¡Encantado!

★ ¡Mucho gusto! と同様に使える表現ですが、男性が言う場合と女性が言う場合で語尾が変わります。

¡Encantada! (女性が言う場合)
エンカン**タ**ダ

¡Encantada!

私は〜と申します。

Me llamo 〜.
メ　　　ジャモ

Me llamo 〜.

★自己紹介のときの定型表現。Me llamo のあとに続けて、自分の名前を言いましょう。

あなたのお名前は？

¿Cómo se llama usted?
コモ　　　セ　　ジャマ　　　ウステッ

¿Cómo se llama usted?

別れの
あいさつ

 発音しながらフレーズを書いて、覚えましょう。

 CD 27

またあとで。

Hasta luego.
アスタ　　　　ルエゴ

★いちばん頻繁に使われる別れのあいさつ。気の置けない相手に、「またあとで会おう」という気持ちを表します。

Hasta luego.

また明日。

Hasta mañana.
アスタ　　　　マニャーナ

★会社や学校から帰るときなどに頻繁に使います。夜、別れる際に使うと「おやすみなさい」という意味になります。

Hasta mañana.

また今度。

Hasta pronto.
アスタ　　　　プロント

★今度いつ会えるかはっきりしていないとき、「近いうちにまた会おうね」という気持ちを表す表現です。

Hasta pronto.

またね。

Hasta la vista.
アスタ　　ラ　　ビスタ

★「またいつか会いたいですね」という気持ちを表し、Hasta pronto. よりも再会する確率が低そうなときに使います。

Hasta la vista.

さようなら。

Adiós.
アディオス

★最後の別れや、もう二度と会えるかどうかわからないというニュアンスもあります。すぐまた会える友達には、Hasta luego. や Hasta mañana. を使いましょう。

Adiós.

CD 28

 発音しながらフレーズを書いて、覚えましょう。

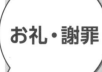
お礼・謝罪

ありがとう！

¡Gracias!
グラシアス

¡Gracias!

どうもありがとうございます！

¡Muchas gracias!
ムチャス　　　　　グラシアス

¡Muchas gracias!

★「とても、多くの」を意味する muchas が文頭についた、お礼の度合いが大きい表現です。

▶▶▶ どういたしまして！

¡De nada!
デ　　　ナダ

¡De nada!

★お礼を言われたときは、このように答えましょう。

すみません！

¡Perdón!
ペルドン

¡Perdón!

★ perdón は謝罪だけでなく、人にものを尋ねるとき、「すみませんが」と声をかけるのにも使うことができます。このときは、語尾を少し上げ気味にして言います。

ごめんなさい！

¡Lo siento!
ロ　　　シエント

¡Lo siento!

ご機嫌
うかがい

✒ 発音しながらフレーズを書いて、覚えましょう。

お元気ですか?

¿Cómo está Ud.?
コモ　　　　エスタ　　　ウステッ

> ★「あなた」にあたる usted は、Ud. または Vd. と省略することもできます。「U」または「V」は大文字で書いてください。

¿Cómo está Ud.?

元気かい?

¿Qué tal?
ケ　　　タル

> ★親しい知人や友人に対しては、「どうしてる?」というニュアンスの ¿Qué tal? を使います。

¿Qué tal?

▶▶▶ **元気です、ありがとう。**

Estoy bien, gracias.
エストーイ　　　ビエン　　　グラシアス

> ★「元気ですか?」と問いかけられたら、その気遣いに感謝する gracias「ありがとう」を付け加えて答えましょう。

Estoy bien, gracias.

▶▶▶ **(あなたは) お元気ですか?**

¿Cómo está?
コモ　　　エスタ

> ★目上の人などに対しては、このように聞き返します。

¿Cómo está?

▶▶▶ **君は元気?**

¿Y tú, cómo estás?
イ　トゥ　　　コモ　　　エスタス

> ★親しい相手に対しては、このように聞き返します。

¿Y tú, cómo estás?

30

受け答え

 発音しながらフレーズを書いて、覚えましょう。

はい。

Sí.
シー

Sí.		

いいえ。

No.
ノー

★ No は英語の「いいえ」の No と同じ発音です。

No.		

※例えば、日本語で「好きですか？」という質問に「好きではありません」と答えるには「いいえ」＝Noと答えますね。また、「好きではありませんね？」と問われたときは、「はい（好きではありません）」＝Yesと答えますが、スペイン語ではどちらもNoと答えます。つまり、問われ方に関係なく、「好き」ならばSí、「好きでない」ならばNoなのです。

喜んで！

¡Con mucho gusto!
コン　　　ムチョ　　　グスト

★何かを依頼された際の返答に、Sí に加えて、「喜んで引き受けます」と言いたいときに使う表現です。

¡Con mucho gusto!	

了解！

¡De acuerdo!
デ　　　アクエルド

★「わかった」という意味。求められたことや説明された内容が理解できた上で、同意を表す表現です。

¡De acuerdo!	

Ejercicio
おさらい練習

ここまでに覚えた内容をおさらいしましょう。解答はp.111にあります。

1 強く発音する母音の組み合わせが正しいものを選びましょう。

記入欄

1. ① **casa / señorita** ② **casa / señorita** ③ **casa / señorita**

2. ① **mujer / papel** ② **mujer / papel** ③ **mujer / papel**

3. ① **japonés / examen** ② **japonés / examen** ③ **japonés / examen**

2 形容詞が正しく使われているものを選びましょう。

1. ① **hombre alta** ② **mujer alto** ③ **chica alta**

2. ① **coche antiguo** ② **música antiguo** ③ **mesa antiguo**

3 強く発音するアクセントの位置が正しいものを選びましょう。

1. ① **piano** ② **piano** ③ **piano**

2. ① **agua** ② **agua** ③ **agua**

3. ① **cuidado** ② **cuidado** ③ **cuidado**

4 **¿Cómo está usted?**（お元気ですか？）に対する適切な答え方を選びましょう。

① **¡Gracias!** ② **¡De nada!** ③ **Estoy bien, gracias.**

5 **¡Muchas gracias!**（どうもありがとうございます！）に対する適切な答え方を選びましょう。

① **¡De acuerdo!** ② **¡De nada!** ③ **¡No!**

Parte 2

書いて覚える
日常表現

Lección 1	～をお願いします	34
2	～です	36
3	～にいます／あります	38
4	～（を持って）います	40
5	～を食べます	42
6	～ではありません	44
7	～はどこですか？	46
単語をまとめて覚えよう	住居／公共施設	48
8	何／誰／どちら／いくら／どのように	50
9	～できます	52
10	～したいです／ください	54
11	～しなければなりません	56
12	～時です	58
単語をまとめて覚えよう	数	60
	序数／小数と分数／単位	62
13	いい天気です	64
Ejercicio	おさらい練習	66

1 ～をお願いします

定冠詞 el, los, la, las ／不定冠詞 un, unos, una, unas

基本フレーズ ≫ メニューを　お願いします。

El menú , por favor.

エル　　　メ**ヌ**　　　　　ポル　　　ファ**ボール**

食事や買い物のとき「～をお願いします」と言うには、欲しいものの名前のあとに、英語のplease にあたるpor favorを続けるだけです。通常、名詞の前には、英語のtheやaにあたる冠詞がつきます。

定冠詞／不定冠詞の使い分け

冠詞は、名詞の性質（数、性、格など）を示す役目を持っていますが、それ 自体に意味はありません。定冠詞と不定冠詞は、それぞれ名詞の性と数に応 じて使い分けます。

定冠詞　定冠詞は、**特定されたもの**や**すでに話題にのぼっている名詞**などにつけます。

	単数	複数
男性形	**el libro** （その本） エル　**リブロ**	**los libros** （それらの本） ロス　　**リブロス**
女性形	**la casa** （その家） ラ　　**カサ**	**las casas** （それらの家） ラス　　　**カサス**

※定冠詞には、男性形／女性形の他に、スペイン語特有の中性の lo［ロ］もあります。 形容詞や副詞などをともなって「～なこと（もの）」と、抽象名詞化します。lo は名詞 にはつかないので、性や数で変化しません。

不定冠詞　不定冠詞は、**特定されないもの**や、**初めて話題にのぼる名詞**などにつけます。

	単数	複数
男性形	**un libro** （ある（1冊の）本） **ウン　リブロ**	**unos libros** （ある（数冊の）本） **ウノス　　リブロス**
女性形	**una casa** （ある（1軒の）家） **ウナ　　カサ**	**unas casas** （ある（数軒の）家） **ウナス　　カサス**

ココに注意！
単数の不定冠詞 un/unaには、数 を表す「1つの」 という意味もあ ります。

聴いて書いてみよう

発音しながら書いて、覚えましょう。

1 （1杯の）コーヒーを　お願いします。

Un café, por favor.
ウン　カフェ　ポル　ファ**ボール**

2 （1個の）オレンジを　お願いします。

Una naranja, por favor.
ウナ　ナ**ラ**ンハ　ポル　ファ**ボール**

3 お勘定を　お願いします。

La cuenta, por favor.
ラ　ク**エ**ンタ　ポル　ファ**ボール**

関連単語CHECK!

□ **menú** 男　メニュー メ**ヌ**	□ **libro** 男　本 **リ**ブロ	□ **naranja** 女　オレンジ ナ**ラ**ンハ
□ **por favor**　お願いします ポル　ファ**ボール**	□ **casa** 女　家 **カ**サ	□ **manzana** 女　リンゴ マン**サ**ナ
※ por favor は、何かをお願いするとき や声をかけるときに便利な表現です。	□ **café** 男　コーヒー、カフェ カ**フェ**	□ **cuenta** 女　勘定 ク**エ**ンタ

動詞 ser

基本フレーズ ▶

私は　日本人　です。

★「日本人」と言うとき、話し手が男性の場合は japonés ですが、女性の場合は japonesa [ハポネサ] を使います。

Yo soy japonés.
ヨ　　　　ソーイ　　　　　ハポ**ネ**ス

スペイン語の動詞は、主語が何人称なのか、単数か複数かによって形を変え（活用し）ます。

⚠ 学習のポイント

ser [セール]「～である」

英語の be 動詞にあたる ser は、とても頻繁に使われる動詞です。そのあとに名詞を続けて、「～です」と表現します。主語に応じて不規則活用するので、主語とセットで活用形を覚えましょう。

現在活用

👆 ココに注意！
二人称の tú は親しい間柄で、三人称の usted は目上の人などに使います。

★ usted（あなたは）、ustedes（あなたたちは）は、意味上は二人称ですが、動詞の活用に関しては三人称として扱います。

👆 ココに注意！
主語となる集団（複数）が男女混合の場合は男性形（nosotros/vosotros/ellos）を使います。

		単数	複数	
一人称	私は **yo** ヨ	+ **soy** ソーイ	私たちは **nosotros** 男 ノソトロス **nosotras** 女 ノ**ソ**トラス	+ **somos** ソモス
二人称	君は **tú** トゥ	+ **eres** エレス	君たちは **vosotros** 男 ボソトロス **vosotras** 女 ボ**ソ**トラス	+ **sois** ソイス
三人称	あなたは **usted** ウステッ 彼は **él** エル 彼女は **ella** エジャ	+ **es** エス	あなたたちは **ustedes** 男女 ウステデス 彼らは **ellos** 男 エジョス 彼女らは **ellas** 女 エジャス	+ **son** ソン

聴いて書いてみよう

✎ 発音しながら書いて、覚えましょう。

1 彼女は　韓国人　です。

Ella es coreana.
エジャ　　エス　　コレアナ

2 彼らは　米国人　です。

Ellos son estadounidenses.
エジョス　　　ソン　　　　　エスタドウニデンセス

3 あなたは　スペイン人　ですか？

> ★肯定文の語順はそのままに、フレーズの前後を疑問符ではさむと疑問文になります。発音するときは文末のイントネーションを上げて発音します。

¿Usted es español?
ウステッ　　エス　　エスパニョール

関連単語 CHECK!

□ **ser** 動
セール
〜である

□ **japonés** 男 / **japonesa** 女　日本人
ハポネス　　　　　ハポネサ

□ **coreano** 男 / **coreana** 女　韓国人
コレアノ　　　　　コレアナ

□ **estadounidense** 男女
エスタドウニデンセ
米国人

□ **español** 男 / **española** 女　スペイン人
エスパニョール　　　エスパニョーラ

□ **francés** 男 / **francesa** 女　フランス人
フランセス　　　　フランセサ

□ **chino** 男 / **china** 女　中国人
チノ　　　　チナ

※estadounidense は男女同形で、複数形は estadounidenses です。

※「〜人」という国籍を表す名詞は、同じ綴りで国を表す形容詞（「日本の」など）としても使います。複数形は語尾に s もしくは es をつけます。

3 　〜にいます／あります

動詞 estar

基本フレーズ ▷ 　彼は　メキシコに　います。

Él　está　en México.

エル　　　エス**タ**　　　エン　　　　メ**ヒ**コ

動詞 estar は、動詞 ser と同様、英語の be 動詞にあたるものです。ser が主語の性質を表すのに対し、estar は主語（＝人／物）がどこにいるか、あるかなどの状態を表します。

学習の ポイント

estar ［エスタール］「〜にいる／ある」

動詞 estar は、ser（p.36 参照）同様、とても頻繁に使われます。estar も不規則活用するので、以下の活用表をそのまま覚えてください。

現在活用

	単数		複数	
一人称	私は **yo** ヨ	＋ **estoy** エス**トー**イ	私たちは **nosotros** 男 ノ**ソ**トロス **nosotras** 女 ノ**ソ**トラス	＋ **estamos** エス**タ**モス
二人称	君は **tú** ト**ゥ**	＋ **estás** エス**タ**ス	君たちは **vosotros** 男 ボ**ソ**トロス **vosotras** 女 ボ**ソ**トラス	＋ **estáis** エス**タ**イス
三人称	あなたは **usted** ウス**テ**ッ		あなたたちは **ustedes** 男 女 ウス**テ**デス	
	彼は **él** エル	＋ **está** エス**タ**	彼らは **ellos** 男 **エ**ジョス	＋ **están** エス**タ**ン
	彼女は **ella** **エ**ジャ		彼女らは **ellas** 女 **エ**ジャス	

※ estar は、「〜している」という進行形（p.92 参照）でも使われます。

38

聴いて書いてみよう

✎ 発音しながら書いて、覚えましょう。

1 彼らは　家に　います。

Ellos están en la casa.
エジョス　　エス**タン**　　エン　ラ　　**カ**サ

2 アントニオは　公園に　います。

Antonio está en el parque.
アン**ト**ニオ　　　エス**タ**　　エン　エル　　パル**ケ**

3 その教会は　バルセロナに　あります。

La iglesia está en Barcelona.
ラ　　イグ**レ**シア　　エス**タ**　エン　　バルセ**ロ**ナ

> ★主語が物の場合は、三人称として扱われます。

関連単語 CHECK!

□ **estar** 動　〜にいる／ある エス**タ**ール	□ **parque** 男　公園 **パ**ルケ	□ **Barcelona** 固　バルセロナ バルセ**ロ**ナ　　（都市名）
□ **México** 固　メキシコ（国名） **メ**ヒコ	□ **iglesia** 女　教会 イグ**レ**シア	□ **Madrid** 固　マドリッド マド**リ**ド　　（都市名）

※ México の場合、「xi」は「クシィ」ではなく「ヒ」と発音します。
※前置詞 en は p.76 を参照してください。

4 〜（を持って）います

動詞 tener

基本フレーズ 私には いとこが 2 人 います。

Yo tengo dos primos.
ヨ　　　　テンゴ　　　　　ドス　　　　　プリモス

「持つ」という意味の動詞 tener は、「(物を) 持つ」の他、「(兄弟や親戚が) います」と言うときにも使います。また、「(暑い・寒い) です」「(年齢) 歳です」などの表現にも使います。

tener［テネール］「〜を持つ」

tener は ser や estar と同じくらい頻繁に使われる動詞です。「持つ、持っている」という意味で、物以外にも使うことができ、英語の have に似ています。

現在活用

	単数		複数	
一人称	私は **yo** ヨ	+ **tengo** テンゴ	私たちは **nosotros** 男 ノソトロス **nosotras** 女 ノソトラス	+ **tenemos** テネモス
二人称	君は **tú** トゥ	+ **tienes** ティエネス	君たちは **vosotros** 男 ボソトロス **vosotras** 女 ボソトラス	+ **tenéis** テネイス
三人称	あなたは **usted** ウステッ 彼は **él** エル 彼女は **ella** エジャ	+ **tiene** ティエネ	あなたたちは **ustedes** 男 女 ウステデス 彼らは **ellos** 男 エジョス 彼女らは **ellas** 女 エジャス	+ **tienen** ティエネン

ココに注意！
スペイン語は、動詞の活用形で主語がわかるので、一人称と二人称の主語（yo、tú など）を省略できます。

★「〜を」にあたる言葉が後ろにくる tener は他動詞と呼ばれます。「〜を」にあたる言葉が必要ないもの（vivir [ビビール]「住む」など）は自動詞です。

聴いて書いてみよう

発音しながら書いて、覚えましょう。

1 （私には）おじが3人　います。

Tengo tres tíos.
テンゴ　　　トレス　　ティオス

2 彼らは　熱が　あります。

Ellos tienen fiebre.
エジョス　　　ティエネン　　　フィエブレ

★「熱がある」という場合、fiebre に冠詞はつきません。

3 あなたは　寒い　ですか？

¿Usted tiene frío?
ウステッ　　ティエネ　　フリオ

★「寒さ」「暑さ」など、感覚を表す名詞には冠詞をつけません。

4 彼女は　19歳　です。

Ella tiene 19 años de edad.
エジャ　　　ティエネ ディエスィヌエベ アーニョス　　デ　　エダッ

関連単語 CHECK!

□ **tener** 動 テネール	〜を持つ	□ **tía** 女 ティア	おば	□ **frío** 男 フリオ	寒さ
□ **primo** 男 プリモ	いとこ（男性）	□ **hermano** 男 エルマノ	兄弟	□ **calor** 男 カロール	暑さ
□ **prima** 女 プリマ	いとこ（女性）	□ **hermana** 女 エルマナ	姉妹	□ **año** 男 アーニョ	〜歳、年
□ **tío** 男 ティオ	おじ	□ **fiebre** 女 フィエブレ	（病気の際の）熱	□ **edad** 女 エダッ	年齢

※数字は p.60 〜を参照してください。※前置詞 de は p.76 を参照してください。

Lección 5 ～を食べます

CD 35

動詞 comer

基本フレーズ ≫ メキシコ人は　タコスを　食べます。

Los mexicanos comen los tacos.

ロス　　　　　メヒ**カー**ノス　　　　　**コ**メン　　　　　ロス　　**タ**コス

動詞 comer は、その活用形のあとに食べ物の名前を続けて、「～を食べる」という表現に使います。

comer ［コメール］「～を食べる」

comer は規則活用する動詞なので、語尾が er で終わる er 動詞のグループの活用パターンが適用されます。

現在活用

		単数	複数	
一人称	私は **yo** ヨ	+ **como** コモ	私たちは **nosotros** 男 ノソトロス **nosotras** 女 ノソトラス	+ **comemos** コメモス
二人称	君は **tú** トゥ	+ **comes** コメス	君たちは **vosotros** 男 ボソトロス **vosotras** 女 ボソトラス	+ **coméis** コメイス
三人称	あなたは **usted** ウス**テ**ッ 彼は **él** エル 彼女は **ella** **エ**ジャ	+ **come** コメ	あなたたちは **ustedes** 男 女 ウス**テ**デス 彼らは **ellos** 男 **エ**ジョス 彼女らは **ellas** 女 **エ**ジャス	+ **comen** コメン

聴いて書いてみよう

✎ 発音しながら書いて、覚えましょう。

1 彼女は　デザートを　食べます。

Ella come el postre.
エジャ　　　コメ　　　エル　　ポストレ

---

2 私は　（いくつかの）牡蠣を　食べます。

Yo como unos ostiones.
ヨ　　コモ　　　ウノス　　オスティオネス

---

3 （私たちは）米を　食べます。

Comemos arroz.
コメモス　　　　アロス

関連単語 CHECK!

□ **comer** 動 コメール	～を食べる		□ **postre** 男 ポストレ	デザート
□ **mexicano** 男 / **mexicana** 女 メヒカーノ　　　メヒカーナ	メキシコ人		□ **ostión** 男 オスティオン	牡蠣
□ **tacos** 男 タコス	タコス（メキシコの料理） ※複数形で表します。		□ **arroz** 男 アロス	米、ライス

※ mexicano/mexicana の場合、「xi」は「クシィ」ではなく「ヒ」と発音します。

43

～ではありません

否定文

基本フレーズ ▶ 私は　学生　ではありません。

Yo no soy estudiante.
ヨ　　　ノー　　ソーイ　　　　　　エストゥディ**ア**ンテ

否定文の作り方はとても簡単。否定を表す no を動詞の前に加えるだけです。

**学習の
ポイント**

否定文の作り方

肯定文の動詞の前に no を加えると、否定文になります。

肯定文 ━━━━━━▶ **否定文**

私はスペイン人です。　　　　　私はスペイン人ではありません。

Yo soy español.　　　　**Yo no soy español.**
ヨ　ソーイ　エスパニョール　　　　ヨ　　ノー　ソーイ　エスパニョール

疑問文の動詞の前に no を加えると、否定疑問文になります。

疑問文 ━━━━━━▶ **否定疑問文**

（あなたは）スペイン人ですか？　（あなたは）スペイン人ではないですか？

¿Es español?　　　　**¿No es español?**
エス　エスパニョール　　　　ノー　エス　エスパニョール

★ ¿Verdad? だ
けで使うと、「本
当に？」「ウソ！」
という驚きを表
します。

文末に verdad［ベルダッ］をつけると、「～ですよね？」と確認の質問になります。

（あなたは）スペイン人ではない　**¿No es español, verdad?**
ですよね？　　　　　　　　　　　　　ノー　エス　エスパニョール　　　ベルダッ

否定疑問文に対する答えが肯定の場合は Sí、否定の場合は No で答えます。

（これは）君の車じゃないですか？ ━▶ いいえ、（これは）私の車です。

¿No es tu coche?　　　**Sí, es mi coche.**
ノー　エス　トゥ　コチェ　　　　シー　エス　ミ　コチェ

★所有者を表す
所有形容詞につ
いては p.70 を参
照してください。

━▶ はい、（これは）私の車ではありません。

No, no es mi coche.
ノー　ノー　エス　ミ　コチェ

 **聴いて書いてみよう**

🖎 発音しながら書いて、覚えましょう。

1 彼女は　マリア　ではありません。

Ella no es María.
エジャ　ノー　エス　マリア

2 私は　朝食を　取り(=食べ)ません。

Yo no tomo el desayuno.
ヨ　ノー　トモ　エル　デサユノ

3 (君は) コーヒーは　要らない？＝コーヒーはいかが？

¿No quieres un café?
ノー　キエレス　ウン　カフェ

> ★否定疑問文は、このように婉曲表現としても使われます。

関連単語 CHECK!

□ **no** 副 ～でない ノー	□ **tu** 形 君の トゥ	□ **desayuno** 男 朝食 デサユノ
□ **estudiante** 男女 学生 エストゥディアンテ	□ **coche** 男 車 コチェ	□ **almuerzo** 男 昼食 アルムエルソ
□ **oficinista** 男女 会社員 オフィシニスタ	□ **mi** 形 私の ミ	□ **cena** 女 夕食、晩餐 セナ
□ **verdad** 女 真実、本当 ベルダッ	□ **tomar** 動 取る、摂取する トマール	□ **querer** 動 ～が欲しい、 ケレール ～したい

～はどこですか？

CD 37

疑問詞 dónde

基本フレーズ >> アントニオは　どこに　いますか？

¿ **Dónde** **está** **Antonio** ?
ドンデ　　　　　　　エス**タ**　　　　　　アン**ト**ニオ

人がどこにいるか、物がどこにあるか、場所を尋ねるときの「どこ」を表す疑問詞を使った表現です。疑問文なので、フレーズの前後を¿...?ではさみます。

!学習の ポイント

dónde [ドンデ]「どこ」

dónde + está で「どこにいますか？（ありますか？）」の意味になり、そのあとに人や物の名前を続けます。あとに続く人や物によって動詞は活用するので、複数の場合なら dónde + están になります。

質問の答え方

dónde + está で質問されたときは、está をそのまま使って答えます。está のあとに場所の名前を続けて、「～にいます（あります）」となります。

アントニオはどこにいますか？
¿Dónde está Antonio?

└→ **アントニオは食堂にいます。**
Antonio está en el comedor.
アントニオ　　エス**タ**　エン　エル　　コメ**ド**ール

スペイン語では主語が省略できる（動詞の活用で主語がわかる）ため、携帯電話で相手の現在位置を確認するときなどは、たった2単語ですみます。

（君は）どこにいるの？
¿Dónde estás?
ドンデ　　　　エス**タ**ス

└→ **（僕は）カフェにいるよ。**
Estoy en el café.
エス**ト**ーイ　エン　エル　カフェ

★ dónde と組み合わせて使われる動詞 estar の活用は、p.38 で確認してください。

聴いて書いてみよう

✑ 発音しながら書いて、覚えましょう。

---

1 国立プラド美術館は　どこに　ありますか？（＝どこですか？）

> ★前置詞 de は、男性形定冠詞 el と結合して del になります。

¿Dónde está el Museo Nacional del Prado?
ドンデ　　　　エス**タ**　エル　　ム**セ**オ　　　　ナシオ**ナ**ル　　　デル　　プ**ラ**ド

---

2 （君は）どこに　住んでいるの？

¿Dónde vives?
ドンデ　　　　ビ**ベ**ス

> ★「住む」という意味の動詞 vivir の活用形を組み合わせた表現です。

---

3 あなたは　どこの出身ですか？　＝お生まれはどこですか？

¿De dónde es usted?
デ　　　ドンデ　　　　エス　　ウス**テ**ッ

> ★ De dónde + ser の活用形で、出身地や国籍を尋ねる表現になります。

関連単語 CHECK!

□ **dónde** 疑 ドンデ　　　どこ	□ **museo** 男 ム**セ**オ　　　美術館、博物館	□ **Prado** 固 プ**ラ**ド　　　プラド （美術館名）
□ **comedor** 男 コメ**ドー**ル　　食堂	□ **nacional** 形 ナシオ**ナ**ル　　国の、国立の	□ **vivir** 動 ビ**ビー**ル　　住む

住居／公共施設

発音しながら書いて、
覚えましょう。

住居① （空間）

玄関、入口、入場券 **entrada** 女 エントラダ	entrada	台所 **cocina** 女 コシナ	cocina
廊下 **pasillo** 男 パシージョ	pasillo	トイレ **aseo** 男 アセオ	aseo
階段 **escalera** 女 エスカレラ	escalera	浴室 **baño** 男 バーニョ	baño
居間 **salón** 男 サロン	salón	寝室 **dormitorio** 男 ドルミトリオ	dormitorio

住居② （家にあるもの）

テーブル、机 **mesa** 女 メサ	mesa	冷蔵庫 **frigorífico** 男 フリゴリフィコ	frigorífico
いす **silla** 女 シジャ	silla	洗濯機 **lavadora** 女 ラバドーラ	lavadora
ソファー **sofá** 男 ソファ	sofá	バスタブ **bañera** 女 バニェラ	bañera
テレビ **televisión** 女 テレビシオン	televisión	カーテン **cortina** 女 コルティナ	cortina
照明 **iluminación** 女 イルミナシオン	iluminación	ベッド **cama** 女 カマ	cama

公共施設① （生活）

駅 **estación** 女 エスタシ**オ**ン	estación	銀行 **banco** 男 **バ**ンコ	banco
空港 **aeropuerto** 男 アエロプ**エ**ルト	aeropuerto	学校 **escuela** 女 エスク**エ**ラ	escuela
郵便局 **oficina de correos** オフィ**シ**ナ　デ　コ**レ**オス		病院 **hospital** 男 オスピ**タ**ル	hospital
oficina de correos		警察署 **comisaría** 女 コミサ**リ**ア	comisaría

公共施設② （観光）

劇場 **teatro** 男 テ**ア**トロ	teatro	広場 **plaza** 女 プ**ラ**サ	plaza
映画館 **cine** 男 **シ**ネ	cine	市場 **mercado** 男 メル**カ**ド	mercado
美術館、博物館 **museo** 男 ム**セ**オ	museo	デパート **almacenes** 男 アルマ**セ**ネス	almacenes
教会 **iglesia** 女 イグ**レ**シア	iglesia	バル **bar** 男 **バ**ル　★カフェを兼ねたスペインの居酒屋です。	bar
競技場 **estadio** 男 エス**タ**ディオ	estadio	レストラン **restaurante** 男 レスタウ**ラ**ンテ	restaurante
公園 **parque** 男 **パ**ルケ	parque	ホテル **hotel** 男 オ**テ**ル	hotel

疑問詞 qué, quién, cuál, cuánto, cómo

基本フレーズ

これは 何 ですか？

¿ **Qué** **es** **esto** ？
ケ　　　エス　　　エスト

quéは英語のwhatに
あたる疑問詞です。

★対象が複数でも、qué の形は変化しません。

彼女は 誰 ですか？

¿ **Quién** **es** **ella** ？
キエン　　　エス　　　エジャ

quiénは英語のwhoに
あたる疑問詞です。

★対象が複数の場合は、quién の語尾に es がつきます。

どちらが 高価 ですか？

¿ **Cuál** **es** **más caro** ？
クアル　　　エス　　　マス　　カロ

cuálは英語のwhichに
あたる疑問詞です。

★対象が複数の場合は、cuál の語尾に es がつきます。

いくらの 価値がありますか？＝いくらですか？

¿ **Cuánto** **vale** ？
クアント　　　バレ

cuánto は英語の how
much/how many に
あたる疑問詞です。

スペイン語で どのように（何と） 言いますか？

¿ **Cómo** **se dice** **en español** ？
コモ　　　セ　ディセ　　エン　　エスパニョール

cómoは英語のhowに
あたる疑問詞です。

★対象が複数でも、cómo の形は変化しません。

 聴いて書いてみよう

✎ 発音しながら書いて、覚えましょう。

1 あなたは　何が　お望みですか？

¿Qué desea usted?
ケ　　　デセア　　　ウステッ

2 あなたは　誰　ですか？

¿Quién es usted?
キエン　　　エス　　ウステッ

3 あなたは　どちらが　必要ですか？　＝どちらがご入り用ですか？

¿Cuál necesita Ud.?
クアル　　　ネセシータ　　　ウステッ

★ Ud. は usted の省略表記です。

4 このワインは　いくらですか？

¿Cuánto vale este vino?
クアント　　バレ　　エステ　　ビノ

関連単語CHECK!

□ **qué** 疑 ケ	何	□ **más** 副 マス	もっと	□ **valer** 動 バレール	～の価値 がある	□ **desear** 動 デセアール	望む、 欲する
□ **esto** 代中 エスト	これ	□ **caro(ra)** 形 カロ (ラ)	高価な	□ **cómo** 疑 コモ	どのように	□ **necesitar** 動 ネセシタール	必要と する
□ **quién** 疑 キエン	誰	□ **barato(ta)** 形 バラト (タ)	安い	□ **decir** 動 デシール	言う	□ **este(ta)** 形 エステ (タ)	この
□ **cuál** 疑 クアル	どちら	□ **cuánto** 疑 クアント	いくら	□ **español** 男 エスパニョール	スペイン語	□ **vino** 男 ビノ	ワイン

9 ～できます

CD 43

動詞 poder

基本フレーズ ➤ 私は　泳ぐ　ことができます。

Yo puedo nadar.
ヨ　　　　　プ**エ**ド　　　　　ナ**ダー**ル

「～できる」と言うときは、その行為を表す動詞の原形の前に、可能を表す poder を加えます。この動詞 poder を使った疑問文では依頼を表すこともできます。

学習のポイント

poder ［ポデール］「～できる」

poder は、その行為を表す動詞の原形を後ろにともなって、「～できる」という表現になります。poder は不規則活用します。

現在活用

	単数	複数
一人称	私は **yo** + **puedo** ヨ　　プ**エ**ド	私たちは **nosotros** 男 ノ**ソ**トロス + **podemos** **nosotras** 女 ポ**デ**モス ノ**ソ**トラス
二人称	君は **tú** + **puedes** トゥ　　プ**エ**デス	君たちは **vosotros** 男 ボ**ソ**トロス + **podéis** **vosotras** 女 ポ**デ**イス ボ**ソ**トラス
三人称	あなたは **usted** ウス**テ**ッ 彼は **él** + **puede** エル　　プ**エ**デ 彼女は **ella** **エ**ジャ	あなたたちは **ustedes** 男 女 ウス**テ**デス 彼らは **ellos** 男 **エ**ジョス + **pueden** 　　プ**エ**デン 彼女らは **ellas** 女 **エ**ジャス

★二人称や三人称の主語（tú、usted など）を使った疑問文は、「～できる（できますか）？＝～してよ（してください）」というニュアンスになり、依頼を表すこともできます。

 聴いて書いてみよう

✍ 発音しながら書いて、覚えましょう。

1 （私たちは）時間通りに　到着できます。

Podemos llegar a tiempo.
ポデモス　　　　ジェガール　ア　ティエンポ

2 （私は）この扉から　入れますか？　＝この扉から入っていいですか？

¿Puedo entrar por esta puerta?
プエド　　　エントラール　ポル　エスタ　プエルタ

3 （君たちは）もっとゆっくり 話せますか？＝もっとゆっくり話してください。

¿Podéis hablar más lento?
ポデイス　　　アブラール　マス　レント

関連単語 CHECK!

□ **poder** 動 ～できる ポデール	□ **a tiempo** 時間通りに ア ティエンポ	□ **hablar** 動 話す アブラール
□ **nadar** 動 泳ぐ ナダール	□ **entrar** 動 入る エントラール	□ **lento(ta)** 形 副 遅い、ゆっくりと レント（タ）
□ **llegar** 動 到着する ジェガール	□ **puerta** 女 扉 プエルタ	□ **rápido(da)** 形 副 速い、速く ラピド（ダ）

※ 前置詞 por は p.76 を参照してください。

Lección 10 〜したいです／ください

動詞 querer

基本フレーズ 》 私は　旅行　したいです。

Yo quiero viajar.
ヨ　　　　　キエロ　　　　　　ビアハール

「〜したい」と言うときは、その行為を表す動詞の原形の前に、欲求を表す querer を加えます。この querer は、欲しいものを頼むときにも使える便利な動詞です。

！学習のポイント

querer [ケレール]「〜したい」

querer は poder（p.52 参照）と同様、その行為を表す動詞の原形を後ろにともなって、「〜したい」という表現になります。querer は不規則活用します。

現在活用

	単数		複数	
一人称	私は **yo** ヨ	+ **quiero** キエロ	私たちは **nosotros** 男 ノソトロス **nosotras** 女 ノソトラス	+ **queremos** ケレモス
二人称	君は **tú** トゥ	+ **quieres** キエレス	君たちは **vosotros** 男 ボソトロス **vosotras** 女 ボソトラス	+ **queréis** ケレイス
三人称	あなたは **usted** ウステッ 彼は **él** エル 彼女は **ella** エジャ	+ **quiere** キエレ	あなたたちは **ustedes** 男 女 ウステデス 彼らは **ellos** 男 エジョス 彼女らは **ellas** 女 エジャス	+ **quieren** キエレン

★二人称や三人称の主語（tú、usted など）を使った疑問文は、「〜したい（したいですか）？＝〜しようか（しましょうか）？」というニュアンスになり、依頼（弱い命令）を表すこともできます。

54

聴いて書いてみよう

🖊 発音しながら書いて、覚えましょう。

1 (私は)グラナダへ　行き　たいです。

Quiero ir a Granada.
キエロ　　イール ア　　グラナダ

2 (君たちは)休憩　したい？＝休憩しようか？

¿Queréis descansar?
ケレイス　　　　デスカンサール

★後ろに動詞の原形をともなわず、quererの活用形のみで「〜ください」と注文することができます。

3 (私たちに)ワインのボトルを1本　ください。

Queremos una botella de vino.
ケレモス　　　ウナ　　ボテジャ　　デ　　ビノ

関連単語 CHECK!

□ **viajar** 動 旅行する ビアハール	□ **Granada** 固 グラナダ（都市名） グラナダ	□ **botella** 女 ボトル、瓶 ボテジャ
□ **ir** 動 行く イール	□ **descansar** 動 休憩する、休む デスカンサール	□ **copa** 女 グラス、盃 コパ

※前置詞 a は p.76 を参照してください。

Lección 11 〜しなければなりません

義務

基本フレーズ 》 （私は）勉強　しなければなりません。

Tengo que estudiar.

テンゴ　　　　　ケ　　　　　エストゥディアール

「〜しなければならない」という義務を表すには、英語のhave toに似た表現tener que［テネール ケ］を使います。

⚠学習のポイント

義務を表す

「〜しなければならない」という義務を表現するには、**tener que ＋動詞の原形**を使います。

👆ココに注意！

動詞tenerは、主語に応じて活用します（活用形はp.40を参照）。

> **tener que ＋動詞の原形**

（君は）車で行かなければなりません。

Tienes que ir en el coche.
ティエネス　　ケ　イール エン エル　コチェ

他にも、以下のような義務を表す表現があります。

👆ココに注意！

動詞deberは、主語に応じて活用します（活用形はp.11を参照）。

> **deber ［デベール］＋動詞の原形**

（君は）車で行かなければなりません。

Debes ir en el coche.
デベス　イール エン エル　コチェ

★英語に must と have to があるように、tener que と deber も、ほぼ同じように義務を表すことができます。

👆ココに注意！

動詞haber［アベール］は、義務表現の場合、三人称単数の活用形 hay で使われます。

> **hay que ［アイ ケ］＋動詞の原形**

よく考えるべきです。

Hay que pensar bien.
アイ　　ケ　　ペンサール　　ビエン

★hay queは、一般的な義務を述べるときに使いますので、このとき、主語はなくてもかまいません。

聴いて書いてみよう

✎ 発音しながら書いて、覚えましょう。

1 （私は）手紙を　書か　なければなりません。

Tengo que escribir una carta.
テンゴ　　　ケ　　　エスクリビール　　ウナ　　カルタ

2 （私たちは）ここに　駐車　しなければなりません。

Tenemos que aparcar aquí.
テネモス　　　ケ　　　アパルカール　　アキ

★ aquí については、p.74 を参照してください。

3 （あなたたちは）私と一緒に　来　なければなりません。＝一緒に来なさい。

Tienen que venir conmigo.
ティエネン　　ケ　　ベニール　　コンミーゴ

★ conmigo は、前置詞 con（p.76 参照）と人称代名詞 mí（p.78 参照）の結合形です。

関連単語 CHECK!

□ **tener que** テネール　ケ　～しなければならない	□ **hay que** アイ　ケ　～すべきである	□ **escribir** 動 エスクリビール　書く	□ **aquí** 副 アキ　ここに
□ **estudiar** 動 エストゥディアール　勉強する	□ **pensar** 動 ペンサール　考える	□ **carta** 女 カルタ　手紙	□ **venir** 動 ベニール　来る
□ **deber** 動 デベール　～しなければならない	□ **bien** 副 ビエン　よく	□ **aparcar** 動 アパルカール　駐車する	□ **conmigo** コンミーゴ　私と一緒に

～時です

時刻の表現

基本フレーズ ≫

11 時 です。

★「時」にあたる horas [オラス]
（「1時」の場合は単数の hora）
は、時間の話だということが明
確なときは省略されます。

Son las once horas.

ソン　　　　ラス　　　オンセ　　　　オラス

時刻は、動詞 ser（p.36参照）を使って表します。「1時」と言うときは三人称単数の es に、それ以外のときは複数の son に活用します。

**学習の
ポイント**

時刻の言い方

「～時です」と言うには **son + las +「時」を示す数字** で表しますが、「1時」の場合のみ **es + la + una** になります。「～時～分です」と言うときは、「時」を示す数字のあとに、英語の and「～と」にあたる **y [イ] +「分」を示す数字** を加えます。

ココに注意！

時間を示す数字の前には、女性定冠詞 la/las がつきます。

1時です。
Es la una.
エスラ　ウナ

2時30分です。
Son las dos y treinta.
ソン　ラス　ドス　イ　トレインタ

★ cuarto は un cuarto de hora（＝¼時間）、media は media hora（＝½時間）の慣用形です。

「15分」を表すには、数字の代わりに「4分の1」を表す **cuarto** [クアルト] を、「30分」を表すには、「半分の」を表す **media** [メディア] を使うこともできます。

2時15分です。
Son las dos y cuarto.
ソン　ラス　ドス　イ　クアルト

2時半です。
Son las dos y media.
ソン　ラス　ドス　イ　メディア

★ ¿Qué hora tiene? [ケ オラ ティエネ]（直訳すると「あなたは何時を持っていますか？」）も、「何時ですか？」と尋ねるのによく使われます。

時間を尋ねるとき

今何時かを尋ねるときは、「何」にあたる疑問詞 qué を使います。

何時ですか？
¿Qué hora es?
ケ　オラ　エス

「何時に～」と尋ねるには、疑問詞の前に前置詞 a をつけます。

飛行機は何時に出発しますか？
¿A qué hora sale el avión?
ア　ケ　オラ　サレ　エル　アビオン

聴いて書いてみよう

発音しながら書いて、覚えましょう。

1 1時　です。

Es la una.
エス　ラ　**ウナ**

2 8時　です。

Son las ocho.
ソン　ラス　**オチョ**

3 5時10分　です。

Son las cinco y diez.
ソン　ラス　シンコ　イ　ディエス

4 12時30分　です。

Son las doce y treinta.
ソン　ラス　ドセ　イ　トレインタ

関連単語 CHECK!

□ **hora** 女 オラ　　時、時間	□ **cuarto** 男 クアルト　　4分の1	□ **salir** 動 サリール　　出る、出発する
□ **minuto** 男 ミヌト　　分	□ **medio(a)** 形 メディオ (ア)　　半分の	□ **avión** 男 アビオン　　飛行機
□ **segundo** 男 セグンド　　秒	※時間の表現では女性形の media ですが、男性 名詞を形容する場合は medio を使います。	□ **tren** 男 トレン　　電車

※数字は p.60 ～を参照してください。

単語を
まとめて
覚えよう

数

✎ 発音しながら書いて、
覚えましょう。

0 ～ 19

0 cero セロ	cero	7 siete シエテ	siete	14 catorce カトルセ	catorce
1 uno ウノ	uno	8 ocho オチョ	ocho	15 quince キンセ	quince
2 dos ドス	dos	9 nueve ヌエベ	nueve	16 dieciséis ディエスィセイス	dieciséis
3 tres トレス	tres	10 diez ディエス	diez	17 diecisiete ディエスィシエテ	diecisiete
4 cuatro クアトロ	cuatro	11 once オンセ	once	18 dieciocho ディエスィオチョ	dieciocho
5 cinco シンコ	cinco	12 doce ドセ	doce	19 diecinueve ディエスィヌエベ	diecinueve
6 seis セイス	seis	13 trece トレセ	trece		

★ 3単語からなる「16」～「19」ですが、
ひと息に続けて発音するため、1単語の
もの（上記表参照）と同じ発音になります。

● 「16」～「19」のもう1つの表し方
「16」～「19」は、diez「10」と一の位の数字
（「6」～「9」）の組み合わせで表すこともでき
ます。diez と一の位の数字は、接続詞 y でつな
ぎます。

16（10と6）= **diez y seis**
17（10と7）= **diez y siete**
18（10と8）= **diez y ocho**
19（10と9）= **diez y nueve**

● 金額を示すとき
スペイン（ヨーロッパ）の通貨 euro［エウロ］を
数字のあとに加えます。1より上の数字の場合
は複数形 euros［エウロス］を使います。

1ユーロ = **un euro**
　　　　　ウン エウロ

2ユーロ = **dos euros**
　　　　　ドス エウロス

※ uno「1」は、男
性名詞の前につく
と un になります。

20 〜 90

20 **veinte** ベインテ	veinte	60 **sesenta** セセンタ	sesenta
30 **treinta** トレインタ	treinta	70 **setenta** セテンタ	setenta
40 **cuarenta** クアレンタ	cuarenta	80 **ochenta** オチェンタ	ochenta
50 **cincuenta** シンク**エ**ンタ	cincuenta	90 **noventa** ノベンタ	noventa

● 「21」 〜 「29」 の表し方

21 = **veintiuno**　ベインティ**ウ**ノ　　22 = **veintidós**　ベインティドス　　23 = **veintitrés**　ベインティト**レ**ス

24 = **veinticuatro**　ベインティク**ア**トロ　25 = **veinticinco**　ベインティ**シ**ンコ　26 = **veintiseis**　ベインティ**セ**イス

27 = **veintisiete**　ベインティシ**エ**テ　　28 = **veintiocho**　ベインティ**オ**チョ　29 = **veintinueve**　ベインティヌ**エ**ベ

★「16」〜「19」と同様、veinte「20」と一の位の数字の組み合わせで表すこともできます（発音は左の1単語のものと同じです）。

● 「31」 〜 「99」 の表し方　十の位の数字と一の位の数字を接続詞 y でつないで表します。

100 〜

100 **cien** シエン	cien	500 **quinientos** キニエントス	quinientos
101 **ciento uno** シエント　　ウノ	ciento uno	1,000 → 1.000 **mil** ミル	mil
120 **ciento veinte** シエント　　ベインテ	ciento veinte	10,000 → 10.000 **diez mil** ディ**エ**ス　ミル	diez mil
200 **doscientos** ドスシ**エ**ントス	doscientos	100,000 → 100.000 **cien mil** シ**エ**ン　　ミル	cien mil

※ 日本では、3桁ごとにコンマ「,」を打ちますが、スペインではピリオド「.」を使います。

序数／小数と分数／単位

発音しながら書いて、
覚えましょう。

| 序数 | ★形容詞になる序数は、あとにくる名詞の性で語尾変化します。primero と tercero は男性名詞の前で o が脱落し、primer［プリメール］、tercer［テルセール］になります。 | CD 50 |

1番目の **primero(ra)** プリメロ (ラ)		6番目の **sexto(ta)** セクスト (タ)	
primero	primera	sexto	sexta

2番目の **segundo(da)** セグンド (ダ)		7番目の **séptimo(ma)** セプティモ (マ)	
segundo	segunda	séptimo	séptima

3番目の **tercero(ra)** テルセロ (ラ)		8番目の **octavo(va)** オクターボ (バ)	
tercero	tercera	octavo	octava

4番目の **cuarto(ta)** クアルト (タ)		9番目の **noveno(na)** ノベノ (ナ)	
cuarto	cuarta	noveno	novena

5番目の **quinto(ta)** キント (タ)		10番目の **décimo(ma)** デシモ (マ)	
quinto	quinta	décimo	décima

小数と分数

0.1→0,1 **cero coma uno** <small>セロ　コマ　ウノ</small>	1/2 **un medio** <small>ウン　メディオ</small>	*un medio*
cero coma uno	1/3 **un tercio** <small>ウン　テルシオ</small>	*un tercio*
3.33→3,33 **tres coma treinta y tres** <small>トレス　コマ　トレインタ　イ　トレス</small>	1/4 **un cuarto** <small>ウン　クアルト</small>	*un cuarto*
tres coma treinta y tres	1/5 **un quinto** <small>ウン　キント</small>	*un quinto*

※ 日本では、小数点にはピリオド「.」を使いますが、スペインではコンマ「,」を使います。

単位（長さ／重さ）

cm **centímetro** <small>センティメトロ</small>	*centímetro*	g **gramo** <small>グラモ</small>	*gramo*
m **metro** <small>メトロ</small>	*metro*	kg **kilogramo** <small>キログラモ</small>	*kilogramo*

● **計算の表現**

足す「＋」、引く「－」、掛ける「×」、割る「÷」など、計算式の表現を覚えましょう。

★イコール「＝」は、動詞 ser を使って表します。計算の結果が 1 の場合は単数の es に、それ以外は複数の son に活用します。

$1 + 2 = 3$　**Uno más dos son tres.**
<small>ウノ　マス　ドス　ソン　トレス</small>

$10 - 9 = 1$　**Diez menos nueve es uno.**
<small>ディエス　メノス　ヌエベ　エス　ウノ</small>

$5 \times 3 = 15$　**Cinco por tres son quince.**
<small>シンコ　ポル　トレス　ソン　キンセ</small>

$18 \div 3 = 6$　**Dieciocho dividido por tres son seis.**
<small>ディエスィオチョ　ディビディド　ポル　トレス　ソン　セイス</small>

13 いい天気です

動詞 hacer

基本フレーズ 》

今日は いい天気です。

Hace buen tiempo hoy.

アセ　　　ブエン　　　ティエンポ　　　オイ

天気・天候の表現には、主に動詞hacer [アセール] が使われます。

① 学習のポイント

天気・天候の表現

hacer はもともと「～する」という動詞ですが、三人称単数 hace [アセ] は天気・天候を表す場合に使われ、主語がなくてもかまいません。hace は天気・天候を表す名詞の前につけます。

日が照っています。
Hace sol.
アセ　　ソル

暑いです。
Hace calor.
アセ　　カロール

風が吹いています。
Hace viento.
アセ　　ビエント

寒いです。
Hace frío.
アセ　　フリオ

「雨が降る」llover [ジョベール] や、「雪が降る」nevar [ネバール] など、天候を表す動詞がある場合は、hacer は使いません。

雨がたくさん降ります。
Llueve mucho.
ジュエベ　　　ムチョ

雪がたくさん降りました。
Ha nevado mucho.
ア　　ネバド　　　ムチョ

★ Ha nevado ～は、助動詞 haber の活用形 ha ＋過去分詞で、完了過去（p.90 参照）の表現です。

 聴いて書いてみよう

発音しながら書いて、覚えましょう。

1 天気が悪いです。

Hace mal tiempo.
アセ　　マル　　ティエンポ

2 今日の　天気は（何ですか）？

¿Qué tiempo hace hoy?
ケ　　ティエンポ　　アセ　　オイ

3 今日は　強い風が　吹きました。

Hoy ha hecho viento fuerte.
オイ　ア　エチョ　　ビエント　　フエルテ

> ★ hecho は動詞 hacer の過去分詞で、完了過去（p.90参照）の表現です。

関連単語 CHECK!

□ **hacer** 動 アセール	〜する	□ **hoy** 副 オイ	今日	□ **mucho** 副 ムチョ	たくさん
□ **bueno(na)** 形 ブエノ（ナ）	良い	□ **sol** 男 ソル	太陽	□ **nevar** 動 ネバール	雪が降る
□ **mal** 形 マル	悪い	□ **viento** 男 ビエント	風	□ **fuerte** 形 フエルテ	強い
□ **tiempo** 男 ティエンポ	天気、時間	□ **llover** 動 ジョベール	雨が降る	□ **débil** 形 デビル	弱い

※ bueno は男性名詞の前につくと buen [ブエン] になります。

Ejercicio
おさらい練習
ここまでに覚えた内容をおさらいしましょう。解答はp.111にあります。

1 動詞 **ser**（〜である）の正しい活用形を空欄に書きましょう。

1. Yo [   ] **japonés.** （私は日本人です。）

2. ¿Vosotros [   ] **españoles?** （君たちはスペイン人ですか？）

3. ¿Tú [   ] **coreano?** （君は韓国人ですか？）

4. Ellos [   ] **franceses.** （彼らはフランス人です。）

2 以下の動詞の活用形を見て、省略されている主語 **yo**（私）／**tú**（君）／**usted**（あなた）のいずれかを書きましょう。

● **estar**「〜にいる／ある」

1. Estoy ... [   ]

2. Estás ... [   ]

3. Está ... [   ]

● **tener**「〜を持つ」

4. Tienes ... [   ]

5. Tiene ... [   ]

6. Tengo ... [   ]

3 以下の動詞の活用形を見て、省略されている主語 **nosotros**（私たち）／**vosotros**（君たち）／**ustedes**（あなたたち）のいずれかを書きましょう。

1. Estamos ... [   ]   **2. Estáis ...** [   ]

3. Tenéis ... [   ]   **4. Tienen ...** [   ]

4 以下の空欄に、疑問詞 **cómo**（どのように）／**quién**（誰）／**cuánto**（いくら）／**dónde**（どこ）のいずれかを書きましょう。

1. ¿De [   ] **viene?**   **2. ¿** [   ] **vale?**

3. ¿ [   ] **se llama usted?**   **4. ¿** [   ] **eres?**

Parte 3 書いて覚える ステップアップ表現

Lección 1	この／その／あの	68
2	私のスーツケース	70
3	黄色いTシャツ	72
4	いすの上に	74
5	マリアと一緒に	76
6	彼に渡します	78
7	～が好きです	80
8	～という名前です	82
9	～が痛いです	84
単語をまとめて覚えよう　交通／国名／身体の部位		86
10	～しました	88
11	～しました／したことがあります	90
12	～しています	92
13	～するでしょう	94
14	いつ～しますか？	96
単語をまとめて覚えよう　時を表す		98
15	～しなさい	100
16	…に～されました	102

1 この／その／あの

指示形容詞 este, ese, aquel

基本フレーズ >> このワインは　おいしいです。

Este vino está bueno.

エステ　　　　ビノ　　　　　エス**タ**　　　　　ブ**エ**ノ

「この」「その」「あの」などの指示形容詞は、それらが指している名詞（人や物など）の前につけます。

学習の ポイント

名詞の性と数によって変化する

指示形容詞には「この」「その」「あの」があり、形容する名詞が男性形か女性形か、単数か複数かでそれぞれ変化します。

指示形容詞の活用形

	(単数) この	(複数) これらの	(単数) その	(複数) それらの	(単数) あの	(複数) あれらの
男性形	**este** エステ	**estos** エストス	**ese** エセ	**esos** エソス	**aquel** ア**ケ**ル	**aquellos** ア**ケ**ジョス
女性形	**esta** エスタ	**estas** エスタス	**esa** エサ	**esas** エサス	**aquella** ア**ケ**ージャ	**aquellas** ア**ケ**ジャス

これまでに覚えた男性形の名詞と組み合わせて、確認してみましょう。

この ＋ 本
este libro
エステ　リブロ

これらの ＋ 本
estos libros
エストス　リブロス

その ＋ 建物
ese edificio
エセ　エディフィシオ

それらの ＋ 建物
esos edificios
エソス　エディフィシオス

ココに注意！
女性形の名詞には、女性形の指示形容詞を組み合わせます。

あの ＋ 男性
aquel hombre
ア**ケ**ル　　オンブレ

あれらの ＋ 人たち
aquellos hombres
ア**ケ**ジョス　　オンブレス

 聴いて書いてみよう

✎ 発音しながら書いて、覚えましょう。

1 このワインは　おいしいです。

Este vino es bueno.
エステ　　ビノ　　エス　　ブエノ

> ★左ページの基本フレーズは、そのとき飲んでいる ワインがおいしい、という意味ですが、動詞 ser を 使ったこの表現では、この銘柄・種類のワインがお いしい、という意味になります。主語の状態を表す estar と主語の本来の特徴や性質を表す ser の使い 分けを覚えましょう。

2 それらのバスは　レンフェの駅に　行きます。＝それらはレンフェの駅行きのバスです。

Esos autobuses van a la estación de RENFE.
エソス　　アウト**ブ**セス　　　バン　ア　ラ　エスタシ**オ**ン　　デ　　レンフェ

3 その服が　好きです。

Me gusta ese vestido.
メ　　　グスタ　　　エセ　　　ベスティド

> ★「〜が好きです」という表現につ いては p.80 を参照してください。

関連単語 CHECK!

- ☐ **edificio** 男　建物、ビルディング
  エディ**フィ**シオ
- ☐ **hombre** 男　男性
  オンブレ
- ☐ **mujer** 女　女性
  ム**へ**ール
- ☐ **estación** 女　駅
  エスタシ**オ**ン

- ☐ **RENFE** 固　レンフェ（スペイン国鉄）
  レンフェ
  ※ **Re**d **N**acional de los **F**errocarri**i**les **E**spañoles の略語です。
- ☐ **gustar** 動　〜が好きだ
  グス**タ**ール
- ☐ **vestido** 男　服
  ベス**ティ**ド

- ☐ **chaqueta** 女　ジャケット
  チャ**ケ**タ
- ☐ **gafas** 女　メガネ
  ガファス
- ☐ **zapatos** 男　靴
  サ**パ**トス
  ※メガネは両目でひと組、靴は両足でひ と組なので、複数形で表します。

69

Lección

2 私のスーツケース

所有形容詞

基本フレーズ 私のスーツケースは　そこに　あります。

Mi maleta está ahí.
ミ　　　　　マレタ　　　　　　エスタ　　　アイ

「私の」「君の」「彼の」など、誰の物かを表す所有形容詞は、通常、名詞の前につけます。

**学習の
ポイント**

所有される物によって変化する形容詞

所有形容詞は、所有される物に応じて変化します。所有者が「私」「君」の場合と、三人称の場合は、所有される物が単数か複数かで変化します。所有者が「私たち」「君たち」の場合は、物の数に加え、性によっても変化します。

所有形容詞の活用形

所有者 ＼ 所有される名詞	単数		複数	
	男性形	女性形	男性形	女性形
（一人称） 私の	mi ミ		mis ミス	
（二人称） 君の	tu トゥ		tus トゥス	
（三人称） あなたの／彼の／彼女の	su ス		sus スス	
（一人称） 私たちの	nuestro ヌエストロ	nuestra ヌエストラ	nuestros ヌエストロス	nuestras ヌエストラス
（二人称） 君たちの	vuestro ブエストロ	vuestra ブエストラ	vuestros ブエストロス	vuestras ブエストラス
（三人称） あなたたちの／彼らの／彼女らの	su ス		sus スス	

所有者が三人称の場合は、誰（彼、彼ら、彼女、彼女ら、あなた、あなたたち）の物かが判別できないので、以下のように**前置詞 de「〜の」＋人称代名詞**を加えて説明することができます。

彼女のパスポートは
ここにあります。

Su pasaporte de ella está aquí.
ス　　パサポルテ　　デ　エジャ　エスタ　アキ

 聴いて書いてみよう

✎ 発音しながら書いて、覚えましょう。

1 あそこに　君たちの車が　あります。

Allí están vuestros coches.
アジ　　　エス**タ**ン　　　ブ**エ**ストロス　　　**コ**ーチェス

2 (私たちは) あなたの家に　行きます。

Vamos a su casa de usted.
バモス　　ア　ス　　**カ**サ　　デ　　ウス**テ**ッ

3 彼の (複数の) 本は　箱の中に　あります。

★所有する物が複数の場合は、所有形容詞と名詞を複数形にします。

Sus libros de él están en la caja.
スス　　**リ**ブロス　　デ　**エ**ル　　エス**タ**ン　　エン　ラ　**カ**ハ

関連単語 CHECK!

□ **maleta** 女 スーツケース マレタ	□ **pasaporte** 男 パサポルテ パスポート	□ **allí** 副 アジ あそこに
□ **ahí** 副 アイ そこに	□ **cámara digital** 女 カマラ ディヒ**タ**ル デジタルカメラ	□ **caja** 女 カハ 箱

品質形容詞

基本フレーズ 》 (私は) **黄色い** Ｔシャツが　**欲しいです**。

Quiero una camiseta amarilla.

キエロ　　　　　　　　**ウ**ナ　　　　　　　カミ**セ**タ　　　　　　　　アマ**リ**ージャ

物、人の状態を表すのが品質形容詞です。基本的に、形容する名詞の性と数に応じて変化します。

(!) 学習の ポイント

名詞を説明する形容詞

日本語や英語の場合は名詞の前につく形容詞ですが、スペイン語ではほとんどの場合、名詞のあとにつきます。

　　　　　　(家)　　　(白い)
白い家 = **casa** **blanca**
　　　　　　カサ　　　ブ**ラ**ンカ

形容される名詞が男性形か女性形かで、形容詞は変化します。一般的に、**男性名詞につく形容詞は語尾が o で終わり、女性名詞につく形容詞は a で終わ**ります。名詞が複数形の場合には s がつきます。

	単数		複数	
	男性形	女性形	男性形	女性形
黄色い	**amarillo** アマ**リ**ージョ	**amarilla** アマ**リ**ージャ	**amarillos** アマ**リ**ジョス	**amarillas** アマ**リ**ジャス
白い	**blanco** ブ**ラ**ンコ	**blanca** ブ**ラ**ンカ	**blancos** ブ**ラ**ンコス	**blancas** ブ**ラ**ンカス

形容する名詞の性によって変化しない、男女同形の形容詞もあります。

★男女同形の形容詞は、語尾が o ／ a 以外で終わっています。形容する名詞が複数形の場合は s ／ es がつきます。

	単数	複数
愉快な	**alegre** ア**レ**グレ	**alegres** ア**レ**グレス
共通の	**común** コ**ム**ン	**comunes** コ**ム**ネス
家族の	**familiar** ファミリ**ア**ール	**familiares** ファミリ**ア**レス

	単数	複数
大きい	**grande** グ**ラ**ンデ	**grandes** グ**ラ**ンデス
緑色の	**verde** ベ**ル**デ	**verdes** ベ**ル**デス
青い	**azul** ア**ス**ル	**azules** ア**ス**レス

聴いて書いてみよう

✍ 発音しながら書いて、覚えましょう。

1 （私は）その黒い靴を　試着　したいです。

Quiero probar esos zapatos negros.
キエロ　　　　プロバール　　エソス　　　サパトス　　　ネグロス

2 赤ワインの　ボトルを１本　お願いします。

Una botella de vino tinto, por favor.
ウナ　　　ボテジャ　　デ　ビノ　ティント　　　ポル　ファボール

3 私の事務所は　あの（背の）高いビルの中に　あります。

Mi oficina está en aquel edificio alto.
ミ　　　オフィシナ　　エスタ　エン　アケル　　エディフィシオ　　アルト

関連単語 CHECK!

□ **camiseta** 女　　Tシャツ
カミ**セ**タ

□ **amarillo(lla)** 形　黄色い
アマ**リ**ージョ（ジャ）

□ **blanco(ca)** 形　白い
ブ**ラ**ンコ（カ）

□ **negro(ra)** 形　黒い
ネグロ（ラ）

□ **tinto(ta)** 形　赤い　※主にワインの表
ティント（タ）　　現に使われます。

□ **rojo(ja)** 形　赤い
ロホ（ハ）

□ **oficina** 女　事務所
オフィ**シ**ナ

□ **alto(ta)** 形　（背が）高い
アルト（タ）

□ **bajo(ja)** 形　（背が）低い
バホ（ハ）

4 いすの上に

基本フレーズ ▶ 猫は　いすの上に　います。

El gato está encima de la silla.
エル　ガト　　エスタ　　エンシマ　デ　ラ　シジャ

人や物などがどこにいるか、あるかを詳しく表す副詞を覚えましょう。

①学習の ポイント

位置や場所を詳しく表す

p.57 ですでに出てきた副詞 aquí「ここに」などは、比較的近い範囲の位置を簡単に示す表現です。

猫はここにいます。 **El gato está aquí.**
エル　ガト　エスタ　アキ

その位置や場所をもっと詳しく説明するには、**前置詞 de「〜の」と組み合わせた副詞**を使います。基本的には、動詞 estar のあとに続けて「〜の…にいます／あります」という表現になります。

猫はいすの下にいます。 **El gato está debajo de la silla.**
エル　ガト　エスタ　デバホ　　デ　ラ　シジャ

猫はいすの近くにいます。 **El gato está cerca de la silla.**
エル　ガト　エスタ　セルカ　デ　ラ　シジャ

他にも、前置詞 de と組み合わせて使う以下のような副詞があります。

美術館は銀行の前
（正面）にあります。 **El museo está delante del banco.**
エル　ムセオ　エスタ　デランテ　デル　バンコ

美術館は銀行の後ろ
（裏）にあります。 **El museo está detrás del banco.**
エル　ムセオ　エスタ　デトラス　デル　バンコ

リンゴは冷蔵庫の
中にあります。 **La manzana está dentro del frigorífico.**
ラ　マンサナ　エスタ　デントロ　デル　フリゴリフィコ

 聴いて書いてみよう

✐ 発音しながら書いて、覚えましょう。

1 電話は　階段の近くに　あります。

El teléfono está cerca de la escalera.
エル　　テレフォノ　　　エス**タ**　　**セ**ルカ　　デ　　ラ　　エスカ**レ**ラ

2 新聞は　テーブルの上に　あります。

El periódico está encima de la mesa.
エル　　ペリ**オ**ディコ　　　エス**タ**　　エン**シ**マ　　デ　ラ　　**メ**サ

3 彼女たちは　劇場の前に　います。

Ellas están delante del teatro.
エジャス　　エス**タ**ン　　デ**ラ**ンテ　　デル　　テ**ア**トロ

関連単語 CHECK!

□ **gato** 男 **/gata** 女 猫 　**ガ**ト　　　　　**ガ**タ	□ **debajo** 副 下に 　デ**バ**ホ	□ **detrás** 副 後ろに 　デ**トラ**ス	□ **teléfono** 男 電話 　テ**レ**フォノ
□ **silla** 女 いす 　**シ**ジャ	□ **cerca** 副 近くに 　**セ**ルカ	□ **dentro** 副 中に 　**デ**ントロ	□ **escalera** 女 階段 　エスカ**レ**ラ
□ **encima** 副 上に 　エン**シ**マ	□ **delante** 副 前に 　デ**ラ**ンテ	□ **frigorífico** 男 冷蔵庫 　フリゴ**リ**フィコ	□ **periódico** 男 新聞 　ペリ**オ**ディコ

75

Lección 5 マリアと一緒に

CD 58

前置詞

基本フレーズ 》》 （私は）マリアと一緒に　帰ります。

Vuelvo con María.

ブ**エ**ルボ　　　　コン　　　マリア

前置詞は、名詞や代名詞などの前に置いて、他の語に結びつける役割を果たします。

学習のポイント

主な前置詞

スペイン語の前置詞の中でも、よく使われる以下の前置詞を覚えましょう。

～へ／～に（場所）、～に（とき）		～と一緒に（共有）、～を持って（所有）	
a ア	家に **a la casa** ア ラ **カ**サ	**con** コン	バターと一緒に **con mantequilla** コン　マンテ**キ**ージャ
～へ（方向）		～なしに	
hacia **ア**シア	北へ **hacia el norte** **ア**シア エル **ノ**ルテ	**sin** シン	お金なしに **sin dinero** シン ディ**ネ**ロ
～から（とき、場所：起点）		～の（所有）、～から（場所：起点）	
desde **デ**スデ	今から **desde ahora** **デ**スデ　ア**オ**ラ	**de** デ	私の **de mi** デ ミ
～まで（とき、場所：到達点）		～のために（目的）	
hasta **ア**スタ	明日まで **hasta mañana** **ア**スタ　マ**ニャ**ーナ	**para** パラ	彼女のために **para ella** パラ **エ**ジャ
～に（とき、場所）、～の中に		～ゆえに（理由）、～を通って（場所）	
en エン	夏に **en el verano** エン エル　ベ**ラ**ノ	**por** ポル	～という理由で **por motivo de ～** ポル モ**ティ**ーボ デ

聴いて書いてみよう

✍ 発音しながら書いて、覚えましょう。

1 (私たちは) 先生と　話をします。

Hablamos con el profesor.
アブ**ラ**モス　　コン　エル　プロフェ**ソ**ール

2 (私は) 事務所に 行きます。 ＝仕事に行きます。

Voy a la oficina.
ボーイ　ア　ラ　　オフィ**シ**ナ

3 彼は　携帯電話を持たずに　出かけました。

★過去形（点過去）
の作り方は p. 88 を
参照してください。

Él salió sin teléfono móvil.
エル　サリ**オ**　シン　テレフォノ　　**モ**ビル

関連単語 CHECK!

□ **norte** 男 北 ノルテ	□ **ahora** 副 今 ア**オ**ラ	□ **dinero** 男 ディ**ネ**ロ　　お金
□ **sur** 男 南 スル	□ **mañana** 副 女 明日、午前 マ**ニャ**ーナ	□ **motivo** 男 モ**ティ**ーボ　　動機、理由
□ **este** 男 東 **エ**ステ	□ **verano** 男 夏 ベ**ラ**ノ	□ **profesor** 男 / **profesora** 女 先生 プロフェ**ソ**ール　プロフェ**ソ**ーラ
□ **oeste** 男 西 オ**エ**ステ	□ **mantequilla** 女 バター マンテ**キ**ージャ	□ **teléfono móvil** 男 携帯電話 テ**レ**フォノ **モ**ビル

Lección 6 彼に渡します

間接目的語

基本フレーズ ≫ （私は）**彼に**　ノートを　渡します。

Le entrego a él el cuaderno.

レ　　　　エント**レ**ゴ　　　　ア　**エ**ル　エル　　　クア**デ**ルノ

人称代名詞を使って、行為の対象となる相手が誰であるかを示す表現です。

!学習の ポイント

★過去形（点過去）の作り方は p. 88 を参照してください。

目的語になる人称代名詞

動詞の間接目的語になるのは、「私に」「君に」「あなたに」などの**人称代名詞**です。原則として活用した動詞の直前に置きます。動詞のあとには「〜を」にあたる直接目的語を続けます。

（私の）**両親は**私に時計をくれました。 **Mis padres me regalaron un reloj.**
ミス　**パ**ドレス　メ　レガ**ラ**ロン　ウン レ**ロ**ッホ

通常の間接目的語と**前置詞 a をともなった目的語**で、その対象が誰であるかが強調され、明確になります。

（私の）**両親は**私に時計をくれました。 **Mis padres me regalaron a mí un reloj.**
ミス　**パ**ドレス　メ　レガ**ラ**ロン　ア　ミ　ウン レ**ロ**ッホ

	間接目的語		強調のために付け加える目的語	
			男性形	女性形
単数	（一人称）**私に**	**me** メ	**a mí** ア ミ	
	（二人称）**君に**	**te** テ	**a ti** ア **ティ**	
	（三人称）**あなたに／彼に／彼女に**	**le** レ	**a usted / a él / a ella** ア ウス**テ**ッ　ア**エ**ル　ア **エ**ジャ	
複数	（一人称）**私たちに**	**nos** ノス	**a nosotros** ア　ノ**ソ**トロス	**a nosotras** ア　ノ**ソ**トラス
	（二人称）**君たちに**	**os** オス	**a vosotros** ア　ボ**ソ**トロス	**a vosotras** ア　ボ**ソ**トラス
	（三人称）**あなたたちに／彼らに／彼女らに**	**les** レス	**a ustedes / a ellos / a ellas** ア ウス**テ**デス　ア **エ**ジョス　ア **エ**ジャス	

 聴いて書いてみよう

✍ 発音しながら書いて、覚えましょう。

1 (私は)君に　靴を一足　プレゼントします。

Te regalo un par de zapatos.
テ　　レ**ガ**ロ　　ウン　パル　デ　　サパトス

2 (私は)あなたに　私の家族を　紹介します。

Le presento a usted a mi familia.
レ　　　プレ**セン**ト　　ア　ウス**テッ**　ア　ミ　　ファミ**リ**ア

3 私に(とって)は　同じことです。＝どちらでもいいです。

┌─────────────────────┐
│ ★どちらがよいかを問われ │
│ て、一方を選べないときに │
│ よく使われる定型表現です。 │
└─────────────────────┘

A mí me da igual.
ア　ミ　メ　ダ　イグ**アル**

関連単語 CHECK!

☐ **entregar** 動　渡す
エントレ**ガ**ール

☐ **regalar** 動　プレゼントする
レガ**ラ**ール

☐ **presentar** 動　紹介する
プレセン**タ**ール

☐ **cuaderno** 男　ノート
クア**デ**ルノ

☐ **reloj** 男　時計
レ**ロ**ッホ

☐ **familia** 女　家族
ファミ**リ**ア

☐ **padres** 男　両親 ※複数形で表します。
パドレス

☐ **anillo** 男　指輪
ア**ニ**ジョ

☐ **igual** 形　同じ、等しい
イグ**ア**ル

Lección 7 〜が好きです

CD 60

動詞 gustar

基本フレーズ ▷▷ 私は パエリアが 好きです。

意味上の主語 ↓　　　　　　　　　　　　　　　　　文法上の主語 ↓

Me gusta la paella.
メ　　　　グスタ　　　　ラ　　　パエジャ

日本語で「私はパエリアが好きです」と言うとき、主語の人称は「私」になりますが、スペイン語の場合は、好きな物（パエリア）が主語になります。

⚠学習のポイント

gustar［グスタール］「〜が好きだ」

動詞 gustar の元々の意味は「気に入る」で、基本フレーズを直訳すると「パエリアが私に気に入る」となり、**文法上の主語**は「パエリア」です。この表現では「私に」me という人称代名詞が使われ、これが**意味上の主語**となります。

★意味上の主語となる人称代名詞は、間接目的語（p.78 参照）と同じです。

意味上の主語		
	単数	複数
一人称	私に **me** メ	私たちに **nos** ノス
二人称	君に **te** テ	君たちに **os** オス
三人称	あなたに／ 彼に／ 彼女に **le** レ	あなたたちに／ 彼らに／ 彼女らに **les** レス

👉ココに注意！

まず、誰がそれを好きなのか（意味上の主語）を考え、次に、その好かれる物が単数か複数かを考えましょう。

★a mí me gusta 〜、あるいは me gusta 〜 a mí というように、前置詞 a をともなった目的語（p.78 参照）と組み合わせると、誰がそれを好きなのかを強調できます。

動詞 gustar ＋文法上の主語		
好きな物が単数の場合	**gusta** グスタ	＋	コーヒー **el café** エル カフェ 音楽 **la música** ラ ムシカ
好きな物が複数の場合	**gustan** ＋ グスタン		映画 **las películas** ラス ペリクラス 本 **los libros** ロス リブロス

君はワインが好きかい？
¿Te gusta el vino?
テ　グスタ　エル　ビノ

彼らはケーキが好きです。
Les gustan los pasteles.
レス　　グスタン　　ロス　　パステレス

※動詞 gustar は、文法上の主語（好きな物）が単数か複数かで活用します。

 聴いて書いてみよう

✐ 発音しながら書いて、覚えましょう。

1 あなたは　犬が　好きですか？

¿Le gustan los perros?
　レ　　グスタン　　ロス　　ペロス

2 私たちは　魚が　好きです。

Nos gusta el pescado.
　ノス　　グスタ　　エル　　ペスカド

3 彼女らは　花が　好きです。

Les gustan las flores.
　レス　　グスタン　　ラス　　フローレス

関連単語 CHECK!

□ **paella** 女 パエジャ	パエリア （スペインの料理）	□ **pastel** 男 パステル	ケーキ	□ **carne** 女 カルネ	肉
□ **música** 女 ムシカ	音楽	□ **perro** 男 /**perra** 女 ペロ　　ペラ	犬	□ **verdura** 女 ベルドゥラ	野菜
□ **película** 女 ペリクラ	映画	□ **pescado** 男 ペスカド	魚（食材）	□ **flor** 女 フロール	花

81

Lección

8 　〜という名前です

動詞 llamarse

基本フレーズ 》 私は　ホセ・サンチェス　という名前です。

Me llamo　José Sánchez.
メ　　　ジャモ　　　　　ホセ　　　　サンチェス

自己紹介で自分の名前を言ったり、相手の名前を尋ねたりするときには、動詞llamarse［ジャマールセ］がよく使われます。「私は〜という名前です」と言うには、me llamoのあとに自分の名前を続けます。

**学習の
ポイント**

llamarse ［ジャマールセ］「〜という名前だ」

動詞 llamarse の意味は「自分を〜と呼ぶ」です。このように、自分の行為が自分自身に再び返る表現に用いられる動詞を**再帰動詞**といいます。

現在活用

	単数	複数
一人称	私は **yo** + **me llamo** ヨ　　　　メ　ジャモ	私たちは **nosotros** 男 ノソトロス　　+ **nos llamamos** **nosotras** 女　　ノス　　ジャ**モ**ス ノソトラス
二人称	君は **tú** + **te llamas** トゥ　　テ　ジャマス	君たちは **vosotros** 男 ボソトロス　　+ **os llamáis** **vosotras** 女　オス　ジャ**マ**イス ボソトラス
三人称	あなたは **usted** ウステッ 彼は **él** + **se llama** エル　　セ　ジャマ 彼女は **ella** エジャ	あなたたちは **ustedes** 男女 ウステデス 彼らは **ellos** 男 + **se llaman** エジョス　　　セ　ジャマン 彼女らは **ellas** 女 エジャス

★ 動詞 llamarse の活用形は、誰自身が呼ばれているのかを示す人称代名詞（me や te など）とセットで、1つの単語のように覚えてしまいましょう。

ココに注意！

「〜を呼ぶ」という意味の他動詞 llamar の語尾に se がついて、「自分を〜と呼ぶ」という再帰動詞になっています。

聴いて書いてみよう

✎ 発音しながら書いて、覚えましょう。

1 私は　田中麻衣子　という名前です。

Me llamo Maiko Tanaka.
メ　　ジャモ　　マイコ　　タナカ

2 あの建物は　何　という名前ですか？

¿Cómo se llama aquel edificio?
コモ　セ　ジャマ　アケル　エディフィシオ

★ 文頭に疑問詞 Cómo をつけると、「何という名前ですか？」と尋ねる表現になります。

3 これは　何　という名前ですか？

¿Cómo se llama esto?
コモ　セ　ジャマ　エスト

★ 物の名前を教えてもらうのに便利な表現。物を指差しながら言いましょう。

関連単語 CHECK!

☐ **llamar** 動　　〜を呼ぶ、電話をかける
ジャマール

☐ **llamarse** 動　　〜という名前だ
ジャマールセ

9 〜が痛いです

CD 62

動詞 doler

基本フレーズ ▷

私は　頭が　痛いです。 ＝頭痛がします。

Me duele la cabeza.
メ　　　　ドゥ**エ**レ　　　ラ　　　カ**ベ**サ

自分の体のどこかが痛むことを伝える場合は、me「私に」＋ doler［ドレール］の活用形のあとに痛みの箇所を続けて、「私は〜が痛いです」と表現します。

学習の ポイント

doler ［ドレール］**「痛む」**

me「私に」と組み合わせる動詞 doler は、その体の部位が単数か複数かで活用が変わります。頭など単数の場合は duele［ドゥ**エ**レ］、両手など複数の場合は duelen［ドゥ**エ**レン］となります。

★痛みの箇所を示すための単語は、p.87「身体の部位」にまとめてあります。

痛みの箇所が単数の場合

私は喉が痛いです。

Me duele la garganta.
メ　ドゥ**エ**レ　ラ　　ガル**ガ**ンタ

痛みの箇所が複数の場合

私は両脚が痛いです。

Me duelen las piernas.
メ　ドゥ**エ**レン　ラス　　ピ**エ**ルナス

「〜が痛い」という表現は、p.40 で学習した動詞 tener「〜を持つ」を使うこともできます。

（私は）**頭が痛いです。**＝頭の痛みを持っています。

Tengo dolor de cabeza.
テンゴ　　ド**ロ**ール　デ　　カ**ベ**サ

ココに注意！

動詞 tener を使う場合、そのあとにくるのは「痛み」という意味の名詞dolor になります。

（私は）**胃が痛いです。**＝胃の痛みを持っています。

Tengo dolor de estómago.
テンゴ　　ド**ロ**ール　デ　　エス**ト**マゴ

聴いて書いてみよう

✏ 発音しながら書いて、覚えましょう。

1 （あなたは）どこが　痛みますか？

¿Dónde le duele?
ドンデ　　レ　　ドゥ**エ**レ

2 私は　歯（臼歯）が　痛いです。

Me duelen las muelas.
メ　　　ドゥ**エ**レン　　ラス　　　ム**エ**ラス

> ★「歯」は dientes［ディ**エ**ンテス］ですが、特に「臼歯、奥歯」というときには muelas です。通常どちらも複数形で使います。

3 （私は）歯（臼歯）が　痛いです。＝歯の痛みを持っています。

Tengo dolor de muelas.
テンゴ　　　ド**ロ**ール　　デ　　　ム**エ**ラス

関連単語CHECK!

□ **doler** 動 ドレール	痛む	□ **dolor** 男 ド**ロ**ール	痛み	□ **costado** 男 コス**タ**ド	わき腹
□ **cabeza** 女 カ**ベ**サ	頭	□ **estómago** 男 エス**ト**マゴ	胃	□ **cadera** 女 カ**デ**ラ	尻、ヒップ
□ **garganta** 女 ガル**ガ**ンタ	喉	□ **corazón** 男 コラ**ソ**ン	心臓	□ **diente** 男 ディ**エ**ンテ	歯
□ **pierna** 女 ピ**エ**ルナ	脚	□ **pulmón** 男 プル**モ**ン	肺	□ **muela** 女 ム**エ**ラ	臼歯、奥歯

交通／国名／身体の部位

 発音しながら書いて、
覚えましょう。

交通

CD 63

自転車 **bicicleta** 女 ビシクレタ	bicicleta		地下鉄 **metro** 男 メトロ	metro
自動車 **coche** 男 コチェ	coche		電車 **tren** 男 トレン	tren
タクシー **taxi** 男 タクスィ	taxi		飛行機 **avión** 男 アビオン	avión
バス **autobús** 男 アウトブス	autobús		船 **barco** 男 バルコ	barco

●**手段を表す前置詞「〜で」**
「〜で行く」と言うときには、交通手段を表す名
詞の前に前置詞en［エン］をつけます。

例〉 私は電車で行きます。
Yo voy en tren.
ヨ　ボーイ　エン　トレン

国名

CD 64

日本 **Japón** 固 ハポン	Japón		アメリカ（合衆国） **Estados Unidos** 固 エスタドス　　ウニドス	Estados Unidos
韓国 **Corea** 固 コレア	Corea		イギリス **Inglaterra** 固 イングラテラ	Inglaterra
中国 **China** 固 チナ	China		フランス **Francia** 固 フランシア	Francia
スペイン **España** 固 エスパーニャ	España		ドイツ **Alemania** 固 アレマニア	Alemania

身体の部位

①目 **ojo** 男 オホ	★通常はsをつけた複数形で使います。	ojo	⑤首 **cuello** 男 クエジョ		cuello
②鼻 **nariz** 女 ナリス		nariz	⑥喉 **garganta** 女 ガルガンタ		garganta
③耳 **oreja** 女 オレハ	★「耳の中」の場合は oído [オイド] 男を使います。	oreja	⑦肩 **hombro** 男 オンブロ		hombro
④口 **boca** 女 ボカ		boca	⑧胸 **pecho** 男 ペチョ		pecho

⑨背中 **espalda** 女 エスパルダ		espalda
⑩お腹 **vientre** 男 ビエントレ		vientre
⑪腰 **cintura** 女 シントゥラ		cintura
⑫腕 **brazo** 男 ブラソ		brazo
⑬手 **mano** 女 マノ	★語尾が o でも、女性名詞です。	mano
⑭脚（太ももから下全体） **pierna** 女 ピエルナ		pierna
⑮足（くるぶしから下） **pie** 男 ピエ		pie

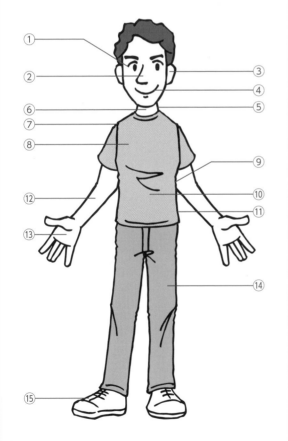

10 ～しました

過去形①点過去

基本フレーズ 》 昨日、私は　オムレツを　食べました。

Ayer, yo comí tortilla.
アイェール　　　　ヨ　　　　コミ　　　　トルティジャ

現在とは関係がなく、すでに終わったことを表す点過去では、行為を表す動詞を過去形に活用します。

⚠学習の ポイント

現在と関係のない過去を表す（点過去）

点過去は主に以下のような場合に用いられ、動詞は過去形に活用します。

👆ココに注意！

過去を表す語句には ayer「昨日」、mes pasado「先月」の他、anoche [アノチェ]「昨夜」、semana pasada [セマナ パサダ]「先週」などがあります。

過去に完結した行為を述べる

少女は窓を開けました。 **La niña abrió la ventana.**
ラ　ニーニャ　アブリオ　ラ　　ベンタナ

明らかに過去を表す語句とともに述べる

（私たちは）先月ヨーロッパを旅行しました。 **El mes pasado viajamos por Europa.**
エル　メス　　パサド　ビアハモス　ポル　エウロパ

過去に継続していたが、既に終わっている行為を述べる

私は長年スペインで働きました。 **Yo trabajé en España muchos años.**
ヨ　トラバヘ　エン エスパーニャ　ムチョス　アーニョス

★西暦「1998年」は、mil (1,000) + novecientos (900) + noventa y ocho (98) と読みます。

過去における一度きりの行為を述べる

私の友達は1998年にスペインへ旅行しました。 **Mi amiga viajó en España en 1998.**
ミ　アミーガ　ビアホ　エン　エスパーニャ エン ミルノベシエントス
ノベンタイオチョ

●点過去の規則活用形			一人称単数	二人称単数	三人称単数	一人称複数	二人称複数	三人称複数
ar動詞	旅行する	**viajar** ビアハール	**viajé** ビアヘ	**viajaste** ビアハステ	**viajó** ビアホ	**viajamos** ビアハモス	**viajasteis** ビアハステイス	**viajaron** ビアハロン
er/ir動詞	食べる	**comer** コメール	**comí** コミ	**comiste** コミステ	**comió** コミオ	**comimos** コミモス	**comisteis** コミステイス	**comieron** コミエロン
	開く	**abrir** アブリール	**abrí** アブリ	**abriste** アブリステ	**abrió** アブリオ	**abrimos** アブリモス	**abristeis** アブリステイス	**abrieron** アブリエロン

 聴いて書いてみよう

✍ 発音しながら書いて、覚えましょう。

1 (私は) 昨日、　仕事に　行きませんでした。

> ★「行く」という意味の動詞 ir は、
> fui、fuiste、fue、fuimos、fuisteis、
> fueron と不規則活用します。

Ayer, no fui a trabajar.
アイェール　ノー　フイ　ア　トラバハール

2 (私は) スペインで　3年間　勉強しました。

Estudié en España durante 3 años.
エストゥディエ　エン　エスパーニャ　ドゥランテ　トレス　アーニョス

3 彼は　1965年に　生まれました。

Él nació en 1965.
エル　ナシオ　エン　ミル ノベシエントス セセンタイシンコ

関連単語 CHECK!

□ **ayer** 副　昨日 アイェール	□ **ventana** 女　窓 ベンタナ	□ **trabajar** 動　働く トラバハール
□ **tortilla** 女 オムレツ（スペイン風） トルティジャ	□ **mes pasado** 先月 メス　パサド	□ **amigo** 男 / **amiga** 女 友達 アミーゴ　アミーガ
□ **niña** 女　少女 ニーニャ	□ **Europa** 固 ヨーロッパ エウロパ	□ **durante ~ años** ～年間 ドゥランテ　アーニョス
□ **abrir** 動 開ける、開く アブリール	□ **muchos años** 長年 ムチョス　アーニョス	□ **nacer** 動　生まれる ナセール

89

～しました／したことがあります

CD 67

過去形②完了過去

基本フレーズ 》 (私は) 午前中 駅に 行きました。

haber の
現在活用 過去分詞
↓ ↓

He ido | a la estación | esta mañana .

エ イド ア ラ エスタシオン エスタ マニャーナ

現在と何らかの関係がある過去や、気持ちの上で現在まで続いている時の流れ（今朝、今日、今週、今月、今年など）の中で起こったことを表す場合に用いるのが、完了過去です。

---

① 学習のポイント

現在と関係がある過去を表す（完了過去）

助動詞 haber ［アベール］**の現在活用**と、その行為を表す動詞の**過去分詞**を組み合わせた完了過去は、「～した／したことがある」という表現になります。

ココに注意！

完了過去を表す場合、haber のあとにくる過去分詞は必ず男性形単数でなければなりません（性・数にかかわらず、語尾は ado/ido になります）。

★ 完了過去は、助動詞 haber の現在活用と過去分詞を組み合わせて作る過去表現なので、複合形（完了形）とも呼ばれます。

haber の現在活用

	単数	複数
一人称	私は **yo** ヨ **+ he** エ	私たちは **nosotros** 男/**nosotras** 女 ノソトロス ノソトラス **+ hemos** エモス
二人称	君は **tú** トゥ **+ has** アス	君たちは **vosotros** 男/**vosotras** 女 ボソトロス ボソトラス **+ habéis** アベイス
三人称	あなたは **usted** ウステッ 彼は／彼女は **él/ella** エル エジャ **+ ha** ア	あなたたちは **ustedes** 男 女 ウステデス 彼らは／彼女らは **ellos** 男/**ellas** 女 エジョス エジャス **+ han** アン

+

過去分詞

ar 動詞の場合
★語尾 ar を ado に変えます。

聞く
escuchar
エスクチャール
→ **escuchado**
エスクチャド

er/ir 動詞の場合
★語尾 er/ir を ido に変えます。

食べる
comer
コメール
→ **comido**
コミド

行く
ir → **ido**
イール イド

※一般的な動詞（estar、ser など）と組み合わせて使う過去分詞は、主語が男性形の場合は ado/ido（単）、ados/idos（複）に、女性形の場合は ada/ida（単）、adas/idas（複）になります。

聴いて書いてみよう

✐ 発音しながら書いて、覚えましょう。

1 サンチェス氏は　東京に　いたことがあります。

> ★ Sr. は señor の省略形。女性には Sra. (señora) を使います。

El Sr. Sánchez ha estado en Tokio.

エル　セニョール　　**サンチェス**　　**ア**　　エス**タ**ド　　エン　　**ト**キオ

2 (私は) このワインを　試した (＝飲んだ) ことがありません。

No he probado este vino.

ノー　　**エ**　　プロ**バ**ド　　**エ**ステ　　**ビ**ノ

> ★「試す」という意味の動詞 probar は、そのあとに vestido [ベスティド]「服」をつけて「試着してみる」と言うこともできます。

3 私の父は　まだ　戻ってきません。

> ★「戻る」という意味の動詞 volver は不規則変化し、過去分詞は vuelto になります。

Mi padre no ha vuelto todavía.

ミ　　**パ**ドレ　　**ノ**ー　　**ア**　　ブ**エ**ルト　　ト**ダ**ビア

関連単語 CHECK!

- □ **haber** 助動 ～した
  アベール
  ※動詞の過去分詞をともなって、完了を表します。

- □ **Tokio** 固 東京
  トキオ

- □ **Sr.** 男 **/Sra.** 女 ～さん
  セニョール　セニョーラ

- □ **probar** 動 試す
  プロバール

- □ **padre** 男 父
  パドレ

- □ **madre** 女 母
  マドレ

- □ **volver** 動 戻る
  ボルベール

- □ **todavía** 副 まだ
  トダビア

基本フレーズ ＞＞ 私たちは 働いて います。

Nosotros estamos trabajando.
ノ**ソ**トロス　　　　　　エス**タ**モス　　　　　　トラバ**ハ**ンド

動詞estar のあとに、行為や状態を表す動詞の現在分詞を続けて、進行中であることを表現します。

**！学習の
ポイント**

進行状態を強調する

進行形は、**動詞 estar の活用形＋現在分詞**で表します。この表現は、進行している状態をことさら強調したいときに使います。

現在分詞

ar 動詞の場合 ★語尾arをandoに変えます。	er/ir 動詞の場合 ★語尾 er/ir を iendo に変えます。
聞く **escuchar** エスク**チャ**ール → **escuchando** エスク**チャ**ンド	食べる **comer** コ**メ**ール → **comiendo** コミ**エ**ンド　　　書く **escribir** エスクリ**ビ**ール → **escribiendo** エスクリビ**エ**ンド

現在形 ▶ ペドロは扉を塗ります。

Pedro pinta la puerta.
ペドロ　　　**ピ**ンタ　ラ　プ**エ**ルタ

進行形 ▶ ペドロは扉を塗っています。

Pedro está pintando la puerta.
ペドロ　　エス**タ**　　ピン**タ**ンド　　ラ　プ**エ**ルタ

👆ココに注意！
動詞 leer（読む）
は、現在分詞にす
る場合、語尾 er
が yendo になり
ます。この他にも
不規則な活用をす
る動詞がいくつか
あります。

現在形 ▶ 私は本を読みます。

Yo leo un libro.
ヨ　レオ　ウン　**リ**ブロ

進行形 ▶ 私は本を読んでいます。

Yo estoy leyendo un libro.
ヨ　エス**トー**イ　　レイ**エ**ンド　　ウン　**リ**ブロ

聴いて書いてみよう

✍ 発音しながら書いて、覚えましょう。

1 (君は) 何を　しているの？

¿Qué estás haciendo?
ケ　　　エス**タ**ス　　　　アシ**エ**ンド

2 (私は) 少しずつ　論文を　書いています。

Estoy escribiendo poco a poco la tesis.
エス**ト**ーイ　　　　エスクリビ**エ**ンド　　　　ポコ　ア　ポコ　ラ　**テ**シス

3 雨が降っています。

Está lloviendo.
エス**タ**　　　ジョビ**エ**ンド

関連単語 CHECK!

□ **pintar** 動 ピン**タ**ール	塗る、絵を描く	□ **reír** 動 レ**イ**ール	笑う	□ **buscar** 動 ブス**カ**ール	探す
□ **leer** 動 レ**エ**ール	読む	□ **llorar** 動 ジョ**ラ**ール	泣く	□ **poco a poco** ポコ　ア　ポコ	少しずつ
□ **jugar** 動 フ**ガ**ール	遊ぶ	□ **ver** 動 **ベ**ール	見る	□ **tesis** 女 **テ**シス	(学位)論文

基本フレーズ 〉〉 彼らは　あさって　出発するでしょう。

Ellos partirán pasado mañana.
エジョス　　　　パルティラン　　　　パサド　　　　マニャーナ

将来するであろう行為を推量するときは、動詞を未来形に活用して表現します。

① 学習の ポイント

未来のことを表す

未来形の規則活用は、ar 動詞、er/ir 動詞にかかわらず、同様に語尾変化します。

partir [パルティール] 「出発する」の未来活用

	単数	複数
一人称	私は **yo** + **partiré** ヨ　　　パルティレ	私たちは **nosotros** 男 ノソトロス　　　　+ **partiremos** **nosotras** 女　パルティレモス ノソトラス
二人称	君は **tú** + **partirás** トゥ　　　パルティラス	君たちは **vosotros** 男 ボソトロス　　　+ **partiréis** **vosotras** 女　パルティレイス ボソトラス
三人称	あなたは／彼は／彼女は **usted/él/ella** ウステッ　エル エジャ + **partirá** パルティラ	あなたたちは／彼らは／彼女らは **ustedes** 男女 **/ellos** 男 **/ellas** 女 ウステデス　　　　エジョス　　　エジャス + **partirán** パルティラン

★ここでは ir 動詞をとりあげていますが、ar 動詞、er 動詞にも語尾変化のパターンをあてはめてみましょう。

※不規則活用では、語中の一部が変化しますが、語尾変化は上の表と同じです。

はっきりしないことを推量する場合、それが現在のことでも、動詞の未来形を使うことができます。

今頃、山脈には雪が積もっているでしょう。　**Ahora estará nevada la sierra.**
アオラ　　エスタラ　　ネバダ　　ラ　シエラ

聴いて書いてみよう

✎ 発音しながら書いて、覚えましょう。

1 彼女は　スペインで　パエリアを　食べるでしょう。

Ella comerá paella en España.
エジャ　　　コメ**ラ**　　　パ**エ**ジャ　　エン　　エス**パー**ニャ

2 (私たちは)午後に　日本に　到着するでしょう。

Por la tarde llegaremos a Japón.
ポル　ラ　**タ**ルデ　　　ジェガ**レ**モス　　ア　　ハ**ポン**

3 彼らは　ペルーで　たくさん　勉強するでしょう。

Ellos estudiarán mucho en Perú.
エジョス　　エストゥディア**ラン**　　**ム**チョ　　エン　　**ペ**ルー

関連単語 CHECK!

□ **partir** 動 パル**ティー**ル	出発する	□ **mes próximo** メス　　プロク**シィ**モ	来月	□ **mar** 男 **マ**ール	海
□ **pasado mañana** パ**サ**ド　　マ**ニャー**ナ	あさって	□ **sierra** 女 シ**エ**ラ	山脈	□ **tarde** 女 **タ**ルデ	午後
□ **semana próxima** セ**マ**ナ　　プロク**シィ**マ	来週	□ **montaña** 女 モン**タ**ニャ	山	□ **Perú** 固 **ペ**ルー	ペルー (国名)

95

Lección 14 いつ〜しますか？

疑問詞 cuándo

基本フレーズ いつ 試合が 始まりますか？

¿Cuándo empieza el partido?

クアンド　　　　エンピエサ　　　エル　　パルティード

時（時期）を尋ねるときの「いつ」を表す疑問詞を使った表現です。dónde「どこ」（p.46参照）の文と同様に、フレーズの前後を¿ ...？ではさみます。

学習のポイント

cuándo ［クアンド］「いつ」

「いつ」を表す疑問詞 cuándo ＋尋ねる事柄を表す動詞の活用形で、「いつ〜しますか？」という表現になります。

★質問に答えるときに使える「時」に関する単語は p.98 〜を参照してください。

彼はいつ来ますか？
¿Cuándo viene él?
クアンド　　ビエネ　エル

彼は明日来ます。
Él vendrá mañana.
エル　　ベンドラ　　マニャーナ

★右のフレーズ「2週間後に〜」のように、未来の確定的な事実を表す場合は、現在形で答えることができます。

（君は）いつアルゼンチンに戻りますか？
¿Cuándo vuelves a Argentina?
クアンド　　ブエルベス　ア　アルヘンティナ

2週間後に戻ります。
Vuelvo dentro de dos semanas.
ブエルボ　　デントロ　デ　ドス　　セマナス

cuándo に前置詞 desde（〜から）をつけると「いつから」という意味に、前置詞 hasta（〜まで）をつけると「いつまで」という意味になります。

（君は）いつから勉強していますか？
¿Desde cuándo estás estudiando?
デスデ　　　クアンド　　エスタス　エストゥディアンド

96

聴いて書いてみよう

発音しながら書いて、覚えましょう。

1 あなたのお父さんは　いつ　到着されましたか？

¿Cuándo llegó su padre?
クアンド　　　ジェゴ　　ス　　パドレ

2 (君は)いつ　私に手紙を書く　ことができますか？（＝いつ手紙を書いてくれますか？）

★ escribirme は、escribir「書く」と me「私に」を組み合わせた単語です。

¿Cuándo puedes escribirme?
クアンド　　　プエデス　　　エスクリビールメ

3 (あなたは)いつまで　メキシコに　いましたか？

¿Hasta cuándo estuvo en México?
アスタ　　　クアンド　　エストゥボ　エン　メヒコ

関連単語 CHECK!

- **cuándo** 疑　いつ
  クアンド
- **empezar** 動　始まる
  エンペサール
- **acabar** 動　終わる
  アカバール
- **partido** 男　試合
  パルティード
- **Argentina** 固　アルゼンチン(国名)
  アルヘンティナ
- **dentro de ～**　～のあとに
  デントロ　デ
- **dos semanas**　2週間
  ドス　セマナス
- **desde cuándo**　いつから
  デスデ　クアンド
- **hasta cuándo**　いつまで
  アスタ　クアンド

時を表す

✎ 発音しながら書いて、
覚えましょう。

全般

今日 **hoy** 副 オイ	hoy	週 **semana** 女 セマナ	semana
昨日 **ayer** 副 アイエール	ayer	月 **mes** 男 メス	mes
明日、午前 **mañana** 副 女 マニャーナ	mañana	年 **año** 男 アーニョ	año
午後 **tarde** 女 タルデ	tarde	過ぎた、過去の **pasado(da)** 形 パサド（ダ）	pasado pasada
昼 **día** 男 ディア	día	先月 **mes pasado** メス　　パサド	mes pasado
夕方 **atardecer** 男 アタルデセール	atardecer	次の **próximo(ma)** 形 プロクシィモ（マ）	próximo próxima
夜 **noche** 女 ノチェ	noche	来年 **año próximo** アーニョ　プロクシィモ	año próximo

季節

春 **primavera** 女 プリマベラ	primavera	秋 **otoño** 男 オトーニョ	otoño
夏 **verano** 男 ベラノ	verano	冬 **invierno** 男 インビエルノ	invierno

曜日

月曜日 **lunes** 男 ルネス	lunes	金曜日 **viernes** 男 ビエルネス	viernes
火曜日 **martes** 男 マルテス	martes	土曜日 **sábado** 男 サバド	sábado
水曜日 **miércoles** 男 ミエルコレス	miércoles	日曜日 **domingo** 男 ドミンゴ	domingo
木曜日 **jueves** 男 フエベス	jueves	祝日 **día festivo** ディア　フェスティボ	día festivo

月

1月 **enero** 男 エネロ	enero	7月 **julio** 男 フリオ	julio
2月 **febrero** 男 フェブレロ	febrero	8月 **agosto** 男 アゴスト	agosto
3月 **marzo** 男 マルソ	marzo	9月 **septiembre** 男 セプティエンブレ	septiembre
4月 **abril** 男 アブリル	abril	10月 **octubre** 男 オクトゥーブレ	octubre
5月 **mayo** 男 マヨ	mayo	11月 **noviembre** 男 ノビエンブレ	noviembre
6月 **junio** 男 フニオ	junio	12月 **diciembre** 男 ディシエンブレ	diciembre

Lección 15 〜しなさい

命令形

基本フレーズ ▷▷

（君は）よく　聞きなさい。

Escucha bien.

エス**ク**チャ　　　　ビ**エ**ン

命令形は、英語と同様に動詞から言いはじめますが、その行為が肯定か否定か、また、対象となる相手によっても、使われる動詞は語尾変化します。

！学習のポイント

命令形で変化する動詞

基本フレーズで使われている「聞く」という意味の動詞 escuchar は、「君」（二人称単数）に対する命令形に変化していますが、命令の対象が「あなた」（三人称単数）の場合や否定表現の場合にも変化します。動詞の活用は、語尾がar で終わるか、er/ir で終わるかで、以下のような違いがあります。ここでは、日常的によく使われる tú（君）、usted（あなた）に対する命令形を覚えましょう。

		肯定命令形「〜しなさい」		否定命令形「〜してはいけません」	
		二人称単数（tú）	三人称単数 (usted)	二人称単数（tú）	三人称単数 (usted)
ar 動詞	聞く **escuchar** エス**ク**チャール	**escucha** エス**ク**チャ	**escuche** エス**ク**チェ	**no** ノー **escuches** エス**ク**チェス	**no** ノー **escuche** エス**ク**チェ
er/ir 動詞	食べる **comer** コ**メ**ール	**come** コメ	**coma** コマ	**no** ノー **comas** コマス	**no** ノー **coma** コマ
	書く **escribir** エスク**リ**ビール	**escribe** エスク**リ**ベ	**escriba** エスク**リ**バ	**no** ノー **escribas** エスク**リ**バス	**no** ノー **escriba** エスク**リ**バ

★本来の三人称単数の活用と同じになります。

★ar 動詞は語尾を e に、er/ir 動詞は語尾を a に変えます。

★ar 動詞は語尾を es に、er/ir 動詞は語尾を as に変えます。

★動詞の活用は、肯定命令形と同じになります。

※ 否定命令形は、p.44 の否定文のように、動詞の前に no を加えます。

 聴いて書いてみよう

✍ 発音しながら書いて、覚えましょう。

1 （あなたは）上手に　歌って　ください。

Cante bien, por favor.
カンテ　　　　ビエン　　　　ポル　　　ファ**ボール**

> ★文末に por favor をつけると、「どうぞ〜してください」というていねいな依頼のニュアンスになります。

2 （君は）ビールを　飲んではいけません。

No bebas cerveza.
ノー　　　　ベバス　　　　セルベサ

> ★命令形は強い依頼表現（＝飲まないでください）にもなります。

3 （君は）紙を　取りなさい。

Toma el papel.
トマ　　エル　　パペル

4 （あなたは）走ってはいけません。

No corra.
ノー　　コラ

関連単語 CHECK!

□ **escuchar** 動 聞く エスク**チャール**	□ **cerveza** 女 ビール セルベサ	□ **papel** 男 紙 パペル
□ **cantar** 動 歌う カン**タール**	□ **sangría** 女 サングリア（赤ワインにジュースや果実を加えた飲み物） サング**リア**	□ **correr** 動 走る コレール
□ **beber** 動 飲む ベベール	□ **bebida alcohólica** 女 お酒 ベビダ　　アルコ**オ**リカ	□ **andar** 動 歩く アンダール

16 …に〜されました

受動態

基本フレーズ ▶ 私は　友人に　招待されました。

Yo fui invitado por mis amigos.

ヨ　　フイ　　　インビ**タ**ド　　　　ポル　　ミス　　　アミーゴス

「誰か／何かに〜された」という受け身の表現を覚えましょう。

**！学習の
ポイント**

受け身の表現

受動態は**動詞 ser の活用形＋過去分詞（＋ por）**で表します。過去分詞の作り方は p.90 を参照してください。

★ abrir（開ける、開く）の過去分詞は不規則活用します。

現在形　門は門番によって開けられます。

La puerta es abierta por el portero.
ラ　プ**エ**ルタ　**エ**ス　アビ**エ**ルタ　ポル　エル　ポル**テ**ロ

👆**ココに注意！**
動詞 ser が、現在／過去／未来のどの時制で活用しても、過去分詞の形は変わりません。

過去形　門は門番によって開けられました。

La puerta fue abierta por el portero.
ラ　プ**エ**ルタ　フ**エ**　アビ**エ**ルタ　ポル　エル　ポル**テ**ロ

動詞 ser は過去活用（点過去）が不規則なので、以下の表を参照してください。

点過去活用

		単数		複数
一人称	私は **yo** ヨ	**+ fui** フイ	私たちは **nosotros** 男 **/ nosotras** 女 ノソトロス　　　　　　ノソトラス	**+ fuimos** フイモス
二人称	君は **tú** トゥ	**+ fuiste** フイステ	君たちは **vosotros** 男 **/ vosotras** 女 ボソトロス　　　　　　ボソトラス	**+ fuisteis** フイステイス
三人称	あなたは／彼は／彼女は **usted/él/ella** ウステッ　エル **エ**ジャ **+ fue** フ**エ**		あなたたちは／彼らは／彼女らは **ustedes** 男女 **/ellos** 男 **/ellas** 女 ウス**テ**デス　　　　**エ**ジョス　　**エ**ジャス **+ fueron** フ**エ**ロン	

聴いて書いてみよう

✍ 発音しながら書いて、覚えましょう。

1 2人は　みんなに　祝福されます。

Una pareja es felicitada por todos.
ウナ　　　パレハ　　エス　　フェリシ**タ**ダ　　　ポル　　　**ト**ドス

2 犯人は　警察に　逮捕されました。

El autor fue arrestado por la policía.
エル　　アウ**ト**ール　　フ**エ**　　アレス**タ**ド　　　ポル　　ラ　　ポリ**シ**ア

3 君は　僕の両親に　歓迎されるでしょう。

> ★ ser の現在活用は不規則ですが、未来活用では規則的です。

Tú serás bien recibido por mis padres.
トゥ　　セ**ラ**ス　　ビ**エ**ン　　レシ**ビ**ド　　　ポル　　ミス　　**パ**ドレス

関連単語 CHECK!

□ **invitar** 動　招待する インビ**タ**ール	□ **felicitar** 動 祝う、お祝いを言う フェリシ**タ**ール	□ **arrestar** 動 逮捕する アレス**タ**ール
□ **portero** 男／**portera** 女 門番 ポル**テ**ロ　　ポル**テ**ラ	□ **todos** 代 すべての人々、全員 **ト**ドス	□ **policía** 女 警察 ポリ**シ**ア
□ **pareja** 女　2人、カップル パ**レ**ハ	□ **autor** 男／**autora** 女 犯人 アウ**ト**ール　アウ**ト**ーラ	□ **recibir** 動 迎える、受け取る レシ**ビ**ール

Ejercicio
おさらい練習　本書の内容をおさらいしましょう。解答はp.111にあります。

1 正しい動詞の活用形を空欄に書きましょう。

●動詞 ser

1. ☐☐☐☐ **las dos y diez.** 　2時10分です。

2. ¿ ☐☐☐☐ **la una hora?** 　1時ですか？

●動詞 tener

3. **Ella** ☐☐☐☐ **19 años de edad.** 　彼女は19歳です。

4. ☐☐☐☐ **23 años de edad.** 　（私は）23歳です。

2 「...」部分にあてはまる適切な語句を選びましょう。

1. **Ella ... María.** 　彼女はマリアではありません。 ☐
   ① **sí es** 　　② **no es** 　　③ **no soy**

2. **¿... un café?** 　（君は）コーヒーは要らない？ ☐
   ① **No tienen** 　② **No estáis** 　③ **No quieres**

3. **¿... tu coche?** 　（これは）君の車じゃないですか？ ☐
   ① **Sí es** 　　② **No es** 　　③ **Es no**

4. **... cerveza.** 　（君は）ビールを飲んではいけません。 ☐
   ① **No bebas** 　② **No beba** 　③ **Bebas no**

3 正しい指示形容詞を空欄に書きましょう。

1. ☐☐☐☐ **libro** この本 　　　2. ☐☐☐☐ **edificio** その建物

3. ☐☐☐☐ **hombre** あの男性 　　4. ☐☐☐☐ **libros** これらの本

5. ☐☐☐☐ **edificios** それらの建物 　6. ☐☐☐☐ **hombres** あれらの人たち

4 「...」部分にあてはまる、**所有者**を表す語句を選びましょう。

1. Vamos a ... casa de usted. （私たちは）あなたの家に行きます。
① mi　　　　② tu　　　　③ su

2. Su pasaporte ... está aquí. 彼女のパスポートはここにあります。
① de mí　　　② de ella　　　③ de vosotros

3. Sus libros ... están en la caja. 彼の本は箱の中にあります。
① de mí　　　② de él　　　③ de ellos

5 「...」部分にあてはまる、**義務**を表す語句を選びましょう。

1. ... estudiar. （私は）勉強しなければなりません。
① Tenemos que　② Tengo que　③ Tenéis que

2. ... ir en el coche. （君は）車で行かなければなりません。
① Debes　　　② Deben　　　③ Debemos

3. ... pensar bien. よく考えるべきです。
① Piensa que　② Come que　③ Hay que

6 適切な組み合わせの名詞と形容詞を線でつなぎましょう。

1. libro 本　　　●　　　● **negros** 黒い

2. edificios 建物　●　　　● **precioso** 貴重な

3. casa 家　　　●　　　● **altos** （背が）高い

4. coches 車　　　●　　　● **blanca** 白い

5. niñas 少女たち　●　　● **pequeñas** 小さい

6. zapatos 靴　　　●　　　● **rápidos** 速い

7 「...」部分にあてはまる適切な副詞／前置詞を選びましょう。

1. El gato está ... la silla. 猫はいすの下にいます。

① **delante de**　　② **debajo de**　　③ **detrás de**

2. El teléfono está ... la escalera. 電話は階段の近くにあります。

① **lejos de**　　② **debajo de**　　③ **cerca de**

3. El periódico está ... la mesa. 新聞はテーブルの上にあります。

① **encima de**　　② **debajo de**　　③ **cerca de**

4. Vuelvo ... María. (私は)マリアと一緒に帰ります。

① **con**　　② **para**　　③ **por**

5. Él salió ... teléfono móvil. 彼は携帯電話を持たずに出かけました。

① **en**　　② **sin**　　③ **de**

8 主語を確認して、未来形に活用させた動詞を空欄に書きましょう。

●動詞 partir

1. Ellos 　　　　　 **pasado mañana.**　彼らはあさって出発するでしょう。

●動詞 estar

2. Ahora 　　　　　 **nevada la sierra.**　今頃、山脈には雪が積もっているでしょう。

●動詞 comer

3. Ella 　　　　　 **paella en España.**　彼女はスペインでパエリアを食べるでしょう。

●動詞 llegar

4. Por la tarde 　　　　　 **a Japón.**　(私たちは) 午後に日本に到着するでしょう。

●動詞 estudiar

5. Ellos 　　　　　 **mucho en Perú.**　彼らはペルーでたくさん勉強するでしょう。

9 以下の動詞の原形を現在分詞に書きかえましょう。

1. escuchar 聞く

→ [   ]

2. comer 食べる

→ [   ]

3. vivir 住む

→ [   ]

4. cantar 歌う

→ [   ]

5. tener 持つ

→ [   ]

6. salir 出る

→ [   ]

10 以下の文を受け身の表現に書きかえましょう。

1. El portero abre la puerta. 門番は門を開けます。

→ 門は門番によって開けられます。

[   ]

2. Todos felicitan a una pareja. みんなは2人を祝福します。

→ 2人はみんなに祝福されます。

[   ]

3. La policía arrestó al autor. 警察は犯人を逮捕しました。 ※alは前置詞aと定冠詞elの結合形です。

→ 犯人は警察に逮捕されました。

[   ]

4. Mis padres te recibirán bien. 僕の両親は君を歓迎するでしょう。

→ 君は僕の両親に歓迎されるでしょう。

[   ]

よく使われる不規則活用の動詞をまとめました。

		単数		複数
いる／ある **estar** エスタール	yo	**estoy** エストーイ	nosotros/ nosotras	**estamos** エスタモス
	tú	**estás** エスタス	vosotros/ vosotras	**estáis** エスタイス
	usted/ él/ella	**está** エスタ	ustedes/ ellos/ellas	**están** エスタン

★一人称単数の活用形は
通常 o で終わりますが、
このように y で終わる動
詞もいくつかあります。

		単数		複数
～である **ser** セール	yo	**soy** ソーイ	nosotros/ nosotras	**somos** ソモス
	tú	**eres** エレス	vosotros/ vosotras	**sois** ソイス
	usted/ él/ella	**es** エス	ustedes/ ellos/ellas	**son** ソン

		単数		複数
持つ **tener** テネール	yo	**tengo** テンゴ	nosotros/ nosotras	**tenemos** テネモス
	tú	**tienes** ティエネス	vosotros/ vosotras	**tenéis** テネイス
	usted/ él/ella	**tiene** ティエネ	ustedes/ ellos/ellas	**tienen** ティエネン

		単数		複数
行く **ir** イール	yo	**voy** ボーイ	nosotros/ nosotras	**vamos** バモス
	tú	**vas** バス	vosotros/ vosotras	**vais** バイス
	usted/ él/ella	**va** バ	ustedes/ ellos/ellas	**van** バン

言う **decir** デシール		単数		複数
	yo	**digo** ディゴ	nosotros/nosotras	**decimos** デシモス
	tú	**dices** ディセス	vosotros/vosotras	**decís** デシス
	usted/él/ella	**dice** ディセ	ustedes/ellos/ellas	**dicen** ディセン

知っている **saber** サベール				
	yo	**sé** セ	nosotros/nosotras	**sabemos** サベモス
	tú	**sabes** サベス	vosotros/vosotras	**sabéis** サベイス
	usted/él/ella	**sabe** サベ	ustedes/ellos/ellas	**saben** サベン

～できる **poder** ポデール				
	yo	**puedo** プエド	nosotros/nosotras	**podemos** ポデモス
	tú	**puedes** プエデス	vosotros/vosotras	**podéis** ポデイス
	usted/él/ella	**puede** プエデ	ustedes/ellos/ellas	**pueden** プエデン

～が欲しい、 ～したい **querer** ケレール				
	yo	**quiero** キエロ	nosotros/nosotras	**queremos** ケレモス
	tú	**quieres** キエレス	vosotros/vosotras	**queréis** ケレイス
	usted/él/ella	**quiere** キエレ	ustedes/ellos/ellas	**quieren** キエレン

CD
78

a
ア

acercarse a ～ アセル**カ**ルセ	～に近づく
aficionarse a ～ アフィシオ**ナ**ルセ	～に熱中する
alcanzar a ～ アルカン**サ**ール	～するにいたる （することができる）
animar a ～ アニ**マ**ール	～するよう 元気づける
aplicarse a ～ アプリ**カ**ルセ	～に精を出す
ayudar a ～ アユ**ダ**ール	～するのを助ける
cooperar a ～ コオペ**ラ**ール	～するのに協力する
dar a ～ **ダ**ール	～させる
darse a ～ **ダ**ルセ	～に没頭する
habituarse a ～ アビトゥ**ア**ルセ	～に慣れる
invitar a ～ インビ**タ**ール	～するように誘う
llegar a ～ ジェ**ガ**ール	～するにいたる （することになる）
venir a ～ ベ**ニ**ール	～しに来る

en
エン

disfrutarse en ～ ディスフル**タ**ルセ	～して楽しむ
interesarse en ～ インテレ**サ**ルセ	～に関心を持つ
pensar en ～ ペン**サ**ール	～を考える
venir en ～ ベ**ニ**ール	～することに決める

con
コン

bastar con ～ バス**タ**ール	～だけで十分だ
contentarse con ～ コンテン**タ**ルセ	～で満足する
divertirse con ～ ディベル**ティ**ルセ	～して楽しむ

de
デ

acabar de ～ アカ**バ**ール	～したばかりだ
acordarse de ～ アコル**ダ**ルセ	～を思い出す
aprovecharse de ～ アプロベ**チャ**ルセ	～を利用する
arrepentirse de ～ アレペン**ティ**ルセ	～を後悔する
asombrarse de ～ アソンブ**ラ**ルセ	～に驚く
cansarse de ～ カン**サ**ルセ	～に疲れる
encargarse de ～ エンカル**ガ**ルセ	～を引き受ける
felicitar de ～ フェリシ**タ**ール	～について お祝いを言う
olvidarse de ～ オルビ**ダ**ルセ	～を忘れる
tratar de ～ トラ**タ**ール	～しようと つとめる

por
ポル

comenzar por ～ コメン**サ**ール	（まず）～から 始める
dejar por ～ デ**ハ**ール	～せずにおく
estar por ～ エス**タ**ール	（まだ）～しない でいる

Ejercicio おさらい練習の解答

p.32

1 1. ① 2. ③ 3. ③

単語の語尾が母音または n、s で終わっているか、n と s 以外の子音で終わっているか、アクセント記号がついているかどうかを確認しましょう。

2 1. ③ 2. ①

1.の③は女性名詞 chica と、その性に応じた形容詞、2.の①は男性名詞 coche と、その性に応じた形容詞です。

3 1. ② 2. ① 3. ③

二重母音にアクセントがつく場合、どちらが強母音なのかを確認しましょう。

4 ③

適切な答え方は「元気です、ありがとう」。①は「ありがとう！」、②は「どういたしまして！」です。

5 ②

適切な答え方は「どういたしまして！」。①は「了解！」、③は「いいえ！」です。

p.66

1 1. soy 2. sois 3. eres 4. son

ser は頻繁に使われる動詞なので、主語の性と数に応じた活用をしっかり覚えましょう。

2 1. yo 2. tú 3. usted 4. tú 5. usted 6. yo

動詞の活用形から省略されている主語を導き出します。

3 1. nosotros 2. vosotros 3. vosotros 4. ustedes

動詞の活用形から省略されている主語を導き出します。

4 1. dónde 2. Cuánto 3. Cómo 4. Quién

1.は「どちらからおいでですか？」、2.は「いくらですか？」、3.は「あなたの名前は何ですか？」、4.は「誰ですか？」です。単語が文頭にくる場合は、頭文字を大文字で書いてください。

p.104～107

1 1. Son 2. Es 3. tiene 4. Tengo

時刻は動詞 ser、年齢は動詞 tener で表します。

2 1. ② 2. ③ 3. ② 4. ①

肯定文、疑問文、命令文の動詞の前に否定の no を加えた表現です。

3 1. este 2. ese 3. aquel 4. estos 5. esos 6. aquellos

形容する名詞の性や数を確認しましょう。

4 1. ③ 2. ② 3. ②

所有される物が単数か複数かを確認しましょう。

5 1. ② 2. ① 3. ③

1. は動詞 tener をどう活用するかがポイント。2. と 3. は、tener 以外の動詞を使った義務表現です。

6 1. precioso 2. altos 3. blanca 4. rápidos 5. pequeñas 6. negros

名詞が単数か複数かを見てから、性を確認しましょう。

7 1. ② 2. ③ 3. ① 4. ① 5. ②

8 1. partirán 2. estará 3. comerá 4. llegaremos 5. estudiarán

9 1. escuchando 2. comiendo 3. viviendo 4. cantando 5. teniendo 6. saliendo

動詞の原形の語尾が ar か、er/ir かを確認しましょう。

10 1. La puerta es abierta por el portero.
2. Una pareja es felicitada por todos.
3. El autor fue arrestado por la policía.
4. Tú serás bien recibido por mis padres.

受け身の表現では、する人とされる人（物）の名詞の位置が逆になります。動詞 ser を活用させることも忘れずに。

■ 著者紹介

平井 孝史 （ひらい たかし）

1955年生まれ。日本の大学で経済学を修了後、1978年からスペインのグラナダ大学（哲文学部）に留学。帰国後、新日鐵の技術支援プロジェクトの技術通訳としてベネズエラに1年間赴任したのを皮切りに、日本鋼管（現JFE）などの海外プロジェクトの技術通訳としてメキシコやスペインなどに長期赴任。現在はスペインに本社がある太陽光発電の会社で様々なプロジェクトの管理業務を担っている。著書に『やさしいスペイン語』（創育）、『そのまま使えるスペイン語会話』、『CD 通じる！かんたんスペイン語会話』（共に大創出版）、校閲に『CD ブック はじめてのスペイン語』（ナツメ社）がある。

● 本文デザイン・DTP 　アレピエ
● イラスト 　田中 斉（たなか ひとし）
● 編集協力 　佐藤 淳子（さとう じゅんこ）
● CD録音 　一般財団法人英語教育協議会（ELEC）
スペイン語ナレーター：Francisco García
Yolanda Fernández
日本語ナレーター：守屋 政子（もりや まさこ）

CD収録時間：61分42秒

本書の付属CDには、タイトルなどの文字情報はいっさい含まれておりません。CDをパソコンに読み込んだ際、文字情報が表示されることがありますが、それは弊社の管理下にはないデータが取り込まれたためです。あらかじめご了承ください。

※本書は、弊社から2010年に刊行された『ゼロから始める 書き込み式スペイン語BOOK』を、一部修正のうえ再編集したものです。

ゼロから始める 書き込み式スペイン語BOOK

著　者　平井孝史
　　　　　ひらい たかし

発行者　深見公子

発行所　成美堂出版
　　　　〒162-8445　東京都新宿区新小川町1-7
　　　　電話(03)5206-8151　FAX(03)5206-8159

印　刷　株式会社フクイン

©SEIBIDO SHUPPAN 2023　PRINTED IN JAPAN
ISBN978-4-415-33358-8
落丁・乱丁などの不良本はお取り替えします
定価はカバーに表示してあります